幼稚園幼児指導要録
記入の実際と用語例

(公財) 幼少年教育研究所・編

『幼稚園幼児指導要録 記入の実際と用語例』発刊にあたって

　平成 30 年 4 月 1 日より施行の「幼稚園教育要領」にともない、平成 30 年 3 月 30 日付で、文部科学省から「幼稚園及び特別支援学校幼稚部における指導要録の改善について（通知）」が発表されました。

　当幼少年教育研究所では、「幼稚園幼児指導要録研究委員会」を組織し、編集委員の間で調査・研究・討議を重ね、『幼稚園幼児指導要録 記入の実際と用語例』を刊行する運びとなりました。

　今回の「幼稚園教育要領」並びに「幼稚園幼児指導要録」の改訂に照らし、用語例及びその内容を全面的に検討し直し、実際に指導要録を作成する際に、座右に置いて活用できるよう様々な改良をし、より使いやすくしました。

　本書の主な特徴は、次の通りです。

1. 本書冒頭に折り込みがあり、赤と黒の 2 色刷りになっています。
　1 枚目と 2 枚目には実際の記入例が示してあり、3 枚目と 4 枚目には指導要録の記入上の注意点と各欄の記入時期を赤字で簡潔に示しています。さらに、本書での解説ページも記載していますので、見たい項目がひと目で引けるようになっています。
2. 各項目の初めには、記入に際して教師が心得ていなければならないことやその項目の主旨について、わかりやすく説明してあります。
　例えば、第 4 章「〈指導に関する記録〉記入内容解説と用語例」では、各項目の説明の後に、年齢別に用語例を掲載しています。
　また、第 5 章「子どもの捉え方と具体的な記入のポイント」では、文中で一般的に望ましくないと思われる箇所（記述表現）を赤字で示し、注意点を解説しています。
3. 「〈指導に関する記録〉（最終学年の指導に関する記録）用語例」では、今回の「幼稚園教育要領」の改正で新たな評価観点として示された「幼

児期の終わりまでに育ってほしい姿（10の姿）」について、【「最終学年の指導に関する記録」の記入にあたり】と題して、【5歳児　用語例】の前で解説しています。また、最終学年（5歳児後半）の用語例の該当部分に下線を引き、①〜⑩までナンバリングした「10の姿」との結び付きがわかるように工夫しています。そして、幼稚園教育と小学校教育との円滑な接続に向けた相互総合的に評価する書き方を紹介しています。
4. 各項目の説明の根拠となっている法令や通知文については、「P.○○」のように表示してあり、巻末に、法令や通知文の全文等を掲載していますので、すぐに照合することができます。
5. これまでに寄せられた多数の質問の中から、特に頻度の高かったもの、大切と思われるものを選び、「Q&A」としてまとめました。特に、初めて指導要録に取り組まれる際には参考になります。

　本書では幼稚園幼児指導要録の記入の実際をわかりやすく記載していますが、その前提となる保育において大切なことは、一人ひとりの子どもを広い視野で観察し、その子どもの成長発達をいかに伸ばし支えていくかです。子どもの成長を願いつつ、記録をもとにさらなる保育の向上をめざし努力されることを願っています。
　編集に際しては、実際の記入例や原稿内容のチェックに精力的に取り組んでいただいた編集委員長の安見克夫先生、副編集委員長の兵頭惠子先生と執筆にあたった多くの所員並びに整理の任にあたってご苦労をおかけした鈴木出版編集部の皆さんに心からお礼を申し上げる次第です。

平成31年1月

　　　　公益財団法人幼少年教育研究所 理事長　關　章信

目次

平成30年度「指導要録」「保育要録」の改訂・施行を受けて ……8

1 指導要録の性格と取り扱い上の注意

1　指導要録の性格 …………………………………………… 14
2　指導要録の作成、送付、保存、種別 …………………… 15
3　指導要録の取り扱い上の注意 …………………………… 16
4　指導要録の記入の時期 …………………………………… 18
5　指導要録の記入上の注意 ………………………………… 19

2 〈学籍に関する記録〉の記入のしかた

1　「学級・整理番号」の欄 ………………………………… 22
2　「幼児」の欄 ……………………………………………… 23
3　「保護者」の欄 …………………………………………… 24
4　「入園」の欄 ……………………………………………… 25
5　「転入園」の欄 …………………………………………… 25
6　「転・退園」の欄 ………………………………………… 26
7　「修了」の欄 ……………………………………………… 26
8　「入園前の状況」の欄 …………………………………… 27
9　「進学先等」の欄 ………………………………………… 28
10　「幼稚園名及び所在地」の欄 …………………………… 29
11　「年度及び入園（転入園）・進級時の幼児の年齢」の欄 …… 30
12　「園長氏名印」「学級担任者氏名印」の欄 …………… 31

3 〈指導に関する記録〉の記入のしかた

1 「氏名・生年月日・性別」の欄 …………………………… 34
2 「指導の重点等」の欄 ……………………………………… 35
3 「指導上参考となる事項」の欄 …………………………… 36
4 「出欠の状況」の欄 ………………………………………… 37
5 「備考」の欄 ………………………………………………… 38

4 〈指導に関する記録〉記入内容解説と用語例

1 「指導の重点等」の記入内容 ……………………………… 42
　（1）「学年の重点」解説 …………………………………… 42
　（2）「個人の重点」解説 …………………………………… 43
2 「指導上参考となる事項」の記入内容 …………………… 44
　◆「指導上参考となる事項」解説 ………………………… 46
　　①学年の初めの幼児の姿 ………………………………… 46
　　②1年間の幼児の発達の姿 ……………………………… 47
　　③健康の状況等 …………………………………………… 48
3 〈指導に関する記録〉用語例 ……………………………… 49
　【満3歳児　用語例】……………………………………… 50
　【3歳児　用語例】………………………………………… 68
　【4歳児　用語例】………………………………………… 86
　「最終学年の指導に関する記録」の記入にあたり ……… 108
　「幼児期の終わりまでに育ってほしい姿（10の姿）」を
　読み取るためのチェックポイント ………………………… 112
　【5歳児　用語例】………………………………………… 118
　【健康の状況等　用語例（満3歳〜5歳児共通）】……… 141

5 子どもの捉え方と具体的な記入のポイント

1　子どもの捉え方 …………………………………………… 144
2　具体的な記入のポイント ………………………………… 145
　【満3歳児（男児）】 ……………………………………… 146
　【3歳児（女児）】 ………………………………………… 148
　【4歳児（男児）】 ………………………………………… 150
　【5歳児（女児）】 ………………………………………… 152
補助簿からの転記のしかた ………………………………… 154

6 補助簿・記録簿、家庭連絡、原簿・抄本について

1　補助簿・記録簿について ………………………………… 160
2　家庭連絡について ………………………………………… 164
3　原簿・抄本について ……………………………………… 167

7 指導要録 Q&A

（1）指導要録について ……………………………………… 170
（2）〈学籍に関する記録〉について ………………………… 173
（3）〈指導に関する記録〉について ………………………… 176
（4）その他 …………………………………………………… 179

8 付録

教育基本法 …………………………………………………… 184
学校教育法（抄） …………………………………………… 190
学校教育法施行規則（抄） ………………………………… 192

幼稚園教育要領 …………………………………………………… 194
幼稚園及び特別支援学校幼稚部における指導要録の
改善について（通知）…………………………………………… 219
出席停止について ………………………………………………… 228
学校保健安全法施行規則（抄）………………………………… 229

幼稚園幼児指導要録研究委員会・編集委員 ………………… 232

平成30年度「指導要録」「保育要録」の改訂・施行を受けて

東京成徳短期大学　**安見克夫**

社会変化にともなう子どもを取り巻く環境の変化に対応

　1947（昭和22）年、学校教育法と児童福祉法が制定され、幼稚園は学校として教育を担い、また保育所は福祉施設として保育を担う機関として70年もの間、それぞれが教育と保育を行ってきました。

　戦後の復興に向けた教育・保育が始まり、時代の社会変化に応じて、幼稚園教育要領は20年ごとに改正されてきました。その後、さらなる急速な変化に対応していくために、10年ごとの改正となりました。

　1994（平成6）年、日本は「子どもの権利条約」に批准し、ワークライフバランスと保育の質の在り方が大きな課題となりました。国は、この批准を受けてエンゼルプランを策定し、保育所の長時間保育がスタートしました。乳幼児に対する社会の理解が急速に高まり、1999（平成11）年には、新エンゼルプランが策定され、さらに加速化することとなりました。

　そして2008（平成20）年には、「幼稚園教育要領」と「保育所保育指針」が同時に改正され、「保育所保育指針」は、厚生労働大臣の告示となり法的な拘束力をもつようになりました。その後急速に少子化が進行し、子育ての孤立化や負担を感じる親達が増加するとともに、働く女性も急激に増加し、深刻な待機児童が問題視されてきました。また、小学校以降の児童の居場所が大きな問題となり、放課後の児童クラブの不足などが指摘されるようになりました。子ども達を取り巻く環境の変化により学校が抱える課題も複雑化し困難化する中で、今までのような学校の工夫だけにその実現を委ねることは困難となってきました。

新しい時代にふさわしい方策と課題

　こうした状況を踏まえ、2014（平成 26）年 11 月に新しい時代にふさわしい学習指導要領等の在り方について、文部科学大臣から中央教育審議会に諮問が行われました。諮問を受け、2016（平成 28）年 12 月「幼稚園、小学校、中学校、高等学校及び特別支援学校の学習指導要領等の改善及び必要な方策等について（答申）（中教審 197 号）」では、以下のように答申されています。

1. 「何ができるようになるか」（育成を目指す資質・能力）
2. 「何を学ぶか」（教科等を学ぶ意義と、教科等間・学校段階間のつながりを踏まえた教育課程の編成）
3. 「どのように学ぶか」（各教科等の指導計画の作成と実施、学習・指導の改善・充実）
4. 「子供一人一人の発達をどのように支援するか」（子供の発達を踏まえた指導）
5. 「何が身に付いたか」（学習評価の充実）
6. 「実施するために何が必要か」（学習指導要領等の理念を実現するために必要な方策）

　これらは、これから予測が困難な時代に向かって、子ども達が様々な変化に対応し、自己の目的を再構築することができる力を育成することが大切としています。中でも、他者と協働して課題を解決していくことや様々な情報を見極めて知識の概念的な理解を実現し、情報を再構成するなど、新たな価値につなげていくことや様々な状況変化の中で再構築することができるようにすることなどが課題とされています。

改訂の基本的な考え方と育みたい「資質・能力」

　上述の 6 点の答申を踏まえ、幼児期からの保育・教育について 3 法（学校教育法・児童福祉法・認定こども園法）が同時に改正され、2017（平成 29）年 3 月学校教育法施行規則等を改正し、幼稚園教育要領、小学校

学習指導要領及び中学校学習指導要領が公示されました。

そして、幼稚園教育要領・保育所保育指針・幼保連携型認定こども園教育・保育要領が、2018（平成30）年4月1日から実施されることとなり、新しい時代に求められる「資質・能力」として、0歳から18歳までの一貫した教育目標に向けた教育に取り組むこととなりました。

そこで、文部科学省は、改正の基本的な考え方として、次の9点の取り組みを示しています。

1．資質・能力の確かな育成
2．カリキュラム・マネジメントの推進
3．社会に開かれた教育課程の実現
4．アクティブ・ラーニングの実践
5．言語能力の確かな育成　6．健やかな心と体の育成
7．道徳教育の充実　8．インクルーシブ教育の実現
9．保幼小連携など

幼稚園教育において育みたい「資質・能力」として、1「知識及び技能の基礎」2「思考力、判断力、表現力等の基礎」3「学びに向かう力、人間性等」の3つの柱を示し、幼稚園教育要領の第2章に示すねらい及び内容に基づく活動全体によって育むことを法的に明確化し、幼児期の教育について、より具体的に方向性が示されました。

「幼児期の終わりまでに育ってほしい姿（10の姿）」とは？

幼稚園教育と小学校教育との円滑な接続に向けて、「幼児期の終わりまでに育ってほしい姿（10の姿）」（1「健康な心と体」2「自立心」3「協同性」4「道徳性・規範意識の芽生え」5「社会生活との関わり」6「思考力の芽生え」7「自然との関わり・生命尊重」8「数量や図形、標識や文字などへの関心・感覚」9「言葉による伝え合い」10「豊かな感性と表現」）を明確にし、これを小学校の教師と共有するなど連携を図り、幼稚園教育と小学校教育との円滑な接続を図ることとなりました。

では、「幼児期の終わりまでに育ってほしい姿（10の姿）」とは、実践保育の中で、どのように取り扱っていけばよいのでしょうか。まず、大切にすべきことは、指針・要領に示す、ねらいと内容について、環境を通して、乳幼児の自発的主体をもとに、発達過程を踏まえ教育・保育を行っていくことです。その際、相互総合的に指導計画を作成し、幼児期にふさわしい教育を行っていくことは、改訂前と変わりありません。

　今回の最も大きな特徴は、**教育が０歳から始まることを法的に示した点にあります**。「資質・能力」は、０歳から18歳までの課題とされており、その初段階に位置する幼児期の５歳児後半に顕著に捉えることのできる姿が「幼児期の終わりまでに育ってほしい姿（10の姿）」なのです。つまり、保育指針・教育要領を実践の中でアクティブ・ラーニングとして取り組んでいくことで、この姿が"育ち"として見えてくるのです。

　本書の用語例は、今までの要録の評価観点から新たに示されている10の姿を視野に置き、相互総合的に評価する書き方を紹介しています。

【５領域と「資質・能力」「10の姿」の関係】※幼稚園教育をモデルにしたもの

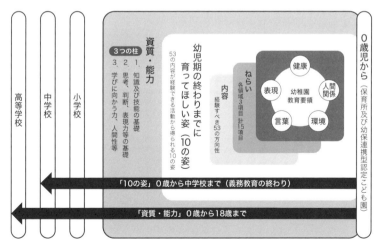

※「10の姿」は、０歳から15歳（義務教育終了）までに育ってほしい姿とされています
※３つの柱で示された育成すべき「資質・能力」は、18歳までの課題とされています

1

指導要録の性格と
取り扱い上の注意

1 指導要録の性格
2 指導要録の作成、送付、保存、種別
3 指導要録の取り扱い上の注意
4 指導要録の記入の時期
5 指導要録の記入上の注意

1　指導要録の性格と取り扱い上の注意

 指導要録の性格

　幼稚園幼児指導要録（以下、指導要録と記述）は、学校教育法施行規則第24条によって、園長が作成しなければならない公式の表簿であり、幼稚園児の〈学籍に関する記録〉及び〈指導に関する記録〉を要約して記録し、幼児指導の資料とするとともに、外部に対しての証明のための原簿となるものである。

　指導要録の作成、送付及び保存等については、学校教育法施行規則（昭和22年文部省令第11号）第24条及び第28条の規定に従うものであるが、幼稚園教育要領の改正（平成29年3月31日告示）にともなう「幼稚園及び特別支援学校幼稚部における指導要録の改善について」（平成30年3月30日29文科初第1814号）の通知により、幼児の学籍並びに指導に関する過程及び結果の要約を記録し、指導及び外部に対する証明等のための原簿として一層役立つように、様式等が改善された。

◆本書の記述は以下の規則、通知による。
＊学校教育法施行規則・第24条　➡ P.192
＊学校教育法施行規則・第28条　➡ P.192
＊幼稚園及び特別支援学校幼稚部における指導要録の改善について（通知）　➡ P.219

2 指導要録の作成、送付、保存、種別

（1）指導要録の作成
●作成の責任は園長がこれにあたり、記入の責任は園長及び教諭があたる。

（2）指導要録の送付
●幼児の進学の際、指導要録の〈学籍に関する記録〉〈最終学年の指導に関する記録〉の「**抄本**」または「**写し**」を進学先に送付する。

（3）指導要録の保存
●指導要録の保存期間は、〈学籍に関する記録〉は20年間、〈指導に関する記録〉については5年間。

（4）指導要録の種別
〔原簿〕…在園する幼児について、「様式の参考例」による〈学籍に関する記録〉〈指導に関する記録〉〈最終学年の指導に関する記録〉を各1枚作成する。
　　　　保存は、幼児が保育を修了した翌日から、**〈学籍に関する記録〉は20年間、〈指導に関する記録〉は5年間**とする。
〔抄本〕…小学校へ進学する幼児について作成し、進学先の小学校へ送付する。保存はその幼児が小学校に在学する期間とする。➡ P.167
〔写し〕…原簿を別紙へ転記したもの、または原簿を複写したもの。転園する幼児について作成し、転園先に送付する。また、抄本のかわりに進学先の小学校へ送付することもできる。➡ P.192

1 指導要録の性格と取り扱い上の注意

指導要録の取り扱い上の注意

（1）転園の際の指導要録の扱い方 ➡ P.192（規則第 24 条）

●幼児が転園する際は、それまでの園の園長が当該幼児の指導要録の「写し」を作成し、転園先の園長に送付する（転園してきた幼児の場合は、転園により送付を受けた指導要録の写しを含む）。➡ P.171（Q&A ⑤）

◆送付には 2 つの手順が考えられる。

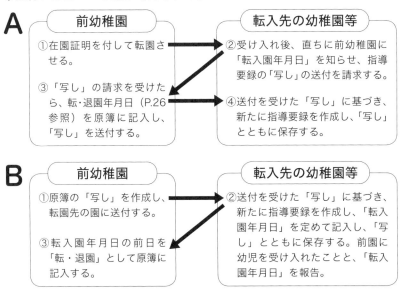

●上記 A-④、B-②の際、転入先の幼稚園等の園長は、新たに指導要録を作成するものとし、送付を受けた「写し」に記入してはならない。

●A-③、B-③の際、前園の原簿には「転・退園」「進学先等」の欄に転園先の園名と所在地、転園の事由等、必要事項を記入し、園長、学級担任者が押印して保存する。

●転園または退園した幼児の指導要録（原簿）は、在園児の要録と別にし、「転・退園児要録綴り」を作成するなどして保存する。

（2）進学の際の指導要録の扱い方　→ P.192（規則第24条）

①小学校へ進学の際…指導要録の原簿は幼稚園に保存し、園長はその抄本または写しを作成し、進学先の校長へ送付する。

②他の幼稚園等から転入してきた幼児が進学…前の幼稚園等の園長から送付を受けた「写し」の抄本を作成し、自園で作成した原簿の抄本と合わせて小学校へ送付する。ただし、「写し」の内容を原簿の抄本または写しと合わせて記載し、送付する抄本を1通にしても差し支えない。

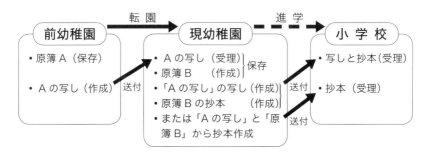

◆小学校への抄本は学校長宛に送付するが、抄本を持参して1年生担任と懇談をしたり、別紙を添付し、一定の配慮を要する幼児への留意を求めたり、また、抄本の見方を説明する用紙を添えたりすることなども必要である。

（3）外部への証明等を作成する場合　➡ P.221（通知）

●指導要録の記載事項に基づき外部への証明等を作成する場合、記載事項をそのまま転記することはプライバシー保護の観点等から考えて必ずしも適当でないので、その目的に応じて必要な事項だけを記載するよう注意する。

4　指導要録の記入の時期

時期	〈学籍に関する記録〉	〈指導に関する記録〉
入園当初	・幼児氏名、生年月日、性別及び現住所 ・保護者氏名、現住所 ・入園（年月日）　・入園前の状況 ・幼稚園名及び所在地	・幼児氏名、生年月日及び性別
学年の初め	・年度　・学級　・整理番号 ・年度及び入園・進級時の幼児の年齢 ・園長氏名　・学級担任者氏名	・学年の重点 ・教育日数
年度末	・園長及び学級担任者の押印	・個人の重点 ・指導上参考となる事項 ・出席日数　・備考
卒園時	・修了（年月日）　・進学先等	

＜その他（その都度記入する欄）＞

・上記各項のうち、変更があった場合はその都度修正する。
・転入園児の場合は入園当初に、学年の初めにあたる欄を新たに記入し〈学籍に関する記録〉の「転入園」「入園前の状況」の欄も記入する。
・転・退園の際は「転・退園」「進学先等」の欄を記入し、学年末に責任をもつ園長及び学級担任者が氏名欄に押印する。

5　指導要録の記入上の注意

●園長の責任において作成する公簿であるので、実際の記入にあたっては一般公文書と同様な注意を払う必要がある。

(1) 仮名遣い

現代仮名遣いに基づく。漢字は常用漢字を用い（氏名や地名などの固有名詞はこの限りでない）、楷書で書く。文中の数字や住所内の数字は、算用数字を使う。

(2) 訂正、変更のしかた

記入した事項に変更が生じた場合は、その都度修正をする。前に記入した事項も読み取れるように、2本線を引いて消し、訂正をする。誤記で修正する場合のみ、線で消した部分に訂正者の認印を押して責任を明らかにする。紙を貼ったり、インク消しや修正液等で訂正したりしてはならない。

なお、「園長氏名」「学級担任者氏名」の欄及び「幼稚園名及び所在地」「現住所」の欄に記入する際は、該当欄の上半分に記入しておき、年度途中で変更があった場合に備えておくこと。➡ P.29

現住所	東京都文京区千石 3-2-10

(3) 用具

黒または青インクのペンやボールペン等を使用して記入する。幼稚園名・所在地・園長氏名・学級担任者氏名などはゴム印でも差し支えない。ただし、スタンプインクは20年間保存が可能なものを用いる。

1　指導要録の性格と取り扱い上の注意

（4）パソコン等による記述

　『幼稚園及び特別支援学校幼稚部における指導要録の改善について（通知）』（平成30年3月30日29文科初第1814号）では、「4 取扱い上の注意（4）評価の妥当性や信頼性を高めるとともに、教師の負担感の軽減を図るため、情報の適切な管理を図りつつ、情報通信技術の活用により指導要録等に係る事務の改善を検討することも重要であること。なお、法令に基づく文書である指導要録について、書面の作成、保存、送付を情報通信技術を活用して行うことは、現行の制度上も可能であること。」と記載されている。

　情報通信技術（パソコン等）を活用して指導要録を作成等する場合もあると思うが、プライバシー保護・個人情報の漏えい等の観点から慎重な取り扱いが望まれる。なお、指導要録の取り扱いは市町村等によって異なる場合が想定されるので教育委員会等に確認することが肝要である。➡ P.221（通知）、P.180（Q&A ㉚）

（5）指導要録の「写し」の取り扱いについて

　指導要録の「写し」を幼児の進学先に送付する場合、「写し」の下欄に、原本と相違ないことを証明する旨明記し、園長名を直筆で署名・捺印する。

2

〈学籍に関する記録〉の記入のしかた

1 「学校・整理番号」の欄
2 「幼児」の欄
3 「保護者」の欄
4 「入園」の欄
5 「転入園」の欄
6 「転・退園」の欄
7 「修了」の欄
8 「入園前の状況」の欄
9 「進学先等」の欄
10 「幼稚園名及び所在地」の欄
11 「年度及び入園（転入園）・進級時の幼児の年齢」の欄
12 「園長氏名印」「学級担任者氏名印」の欄

2 〈学籍に関する記録〉の記入のしかた

1 「学級・整理番号」の欄

- 整理番号の付け方に一定のきまりはないが、50音順、生年月日順などが普通用いられている。さらに、これを男女別・男女通し番号などとする場合とがあるが、それぞれの園で統一した方がよい。
- 記入する位置は、3年保育の場合は、左の欄をあけて、右に寄せて書くようにする。1年保育、2年保育の場合も、左の欄はあけておいてよい。

➡ P.173（Q＆A ⑨⑩）

＜2年保育の場合＞

区分＼年度	平成　年度	平成　年度	平成29年度	平成30年度
学　　級			ひまわり	さくら
整理番号			7	8

＜満3歳で入園した場合＞

区分＼年度	平成27年度	平成28年度	平成29年度	平成30年度
学　　級	ちゅーりっぷ	ひまわり	ゆり	さくら
整理番号	9	12	18	20

2 「幼児」の欄

(1) 幼児氏名
●氏名は楷書で書き、ふりがなを氏名の上に書く（ゴム印でも可）。

(2) 性別
●性別は「男」「女」のように書く。

(3) 生年月日
●生年月日は算用数字で示す（固有名詞等を除き、原則としてすべて算用数字が望ましい）。

(4) 現住所
●幼児が現在、生活の本拠としている住所を記入する（アパート、マンション名等も省略せずに記入する）。

幼児	ふりがな 氏 名	たかぎ けいし 高木 圭史	性別	男
		平成 24 年 7 月 7 日生		
	現住所	福島県郡山市中央3-5		

＜住所に変更があった場合＞
その都度訂正するようにする。

現住所	~~福島県郡山市中央3-5~~ 福島県郡山市緑が丘1-4 アーバンハイツ緑が丘406号

3 「保護者」の欄

(1) 保護者氏名
- 幼児の親権者（通常は両親のいずれか）を記入する。
- 両親のもとを離れて、祖父母等の家から通園している場合であっても、両親が健在であれば、親権者である両親が保護者となる。
- 親権者がいない時は、後見人が氏名を記入し、後見人であることを明記する。

(2) 現住所
- 幼児の現住所と同一の場合には、「幼児の欄に同じ」と略記する（ゴム印でも可）。
- 幼児の現住所と異なる場合には、欄の上部に都道府県名から記入する。

保護者	ふりがな 氏 名	たかぎ　えいすけ 高木　英介
	現住所	幼児の欄に同じ

＜後見人の場合＞

保護者	ふりがな 氏 名	すずき　なおき 鈴木　直樹　（後見人）
	現住所	福島県郡山市春野1-4-9

3 「保護者」の欄／4 「入園」の欄／5 「転入園」の欄

4 「入園」の欄

●幼児が幼稚園に入園した年月日を記入する。

| 入　園 | 平成27年 9月 1日 |

◆入園年月日とは、公立幼稚園にあっては、区市町村教育委員会が通知した入園年月日、私立幼稚園にあっては、園において定めた入園年月日である（これは入園の期日のことで、必ずしも入園式の日と同じでなくてよい）。

5 「転入園」の欄

●他の幼稚園等から転園してきた場合についてのみ記入する。

| 転 入 園 | 平成27年11月2日 |

◆「転入園」とは、公立幼稚園の場合は、教育委員会が転入園を通知した年月日、私立幼稚園の場合は、園で定めた年月日である。
◆前園名と所在地、転入園の事由等は「入園前の状況」の欄へ記入する。
　　　　　　　　　　　　　　　　➡ P.175（Q＆A ⑯⑰）

<手続き上の注意>
　園長は、受け入れた年月日などを、前に在園した幼稚園の園長に即刻知らせ、指導要録の写しを送付してもらい、原簿を新しく作成し、併せて保存する。➡ P.16

6 「転・退園」の欄

- 他の幼稚園等に転園または幼稚園を退園した場合についてのみ記入する。
- 外国の幼稚園等への入園を含む。　　　➡ P.179（Q＆A㉖㉗）

転・退園	平成28年11月30日

- ◆ 転園とは、他の幼稚園等へ移ることで、「転・退園」の欄には、そのため幼稚園を去った年月日を記入する。公立の場合は教育委員会で通知した日で、普通、転園先の幼稚園から転入園を許可する日の連絡を受けた、その前日の日付を記入する。私立の場合はその幼稚園で定めた日を記入する。
- ◆ 退園とは、幼稚園を辞めることで、「転・退園」の欄には、公立の場合は教育委員会で通知した日、私立の場合は幼稚園で定めた日を記入する。
- ◆ 退園した幼児の退園の事由は、「進学先等」の欄に記入する。

7 「修了」の欄

- 園長が修了を認定した年月日を記入すること。

修　了	平成　年3月15日

8 「入園前の状況」の欄

● 保育所等、公的な機関や外国の園など集団生活の有無を記入する。
● 転園してきた幼児については、この欄に転入園時の年齢、前に在園した幼稚園名・所在地及び転入園の事由等を併せて記入する。

➡ P.175（Q＆A ⑰）

＜保育所より入園した場合＞

入園前の状況	母親の産休明けからみどり保育所入所（東京都昭島市緑町2-1）。転居のため4歳3か月で入園。

＜転入園児の場合＞

入園前の状況	父親転勤による転居のため3歳7か月時に私立あかね幼稚園（埼玉県戸田市新曽115）より転入。

＜海外に居住していた場合＞

入園前の状況	父親の海外勤務で3歳5か月から4歳3か月までアメリカに居住し、日本人幼稚園に通園。

【その他の事例】
・妹が生まれたため、ひかり保育所（住所記載）に入所していた。入園時3歳4か月。
・児童館に週2回通っていた。

9 「進学先等」の欄

- 進学した小学校等の名称及び所在地を記入する。
- 転園した幼児については、この欄に転園先の幼稚園名・所在地及び転園の事由等を、退園した幼児についても、この欄に退園の事由等を記入する。

<小学校進学>

進学先等	郡山市立第二小学校 福島県郡山市中央 2-4-5

<転園の場合>

進学先等	私立あさひが丘幼稚園 千葉県千葉市中央区中町 3-4-1 父親の転勤にて転居

<退園の場合>

進学先等	肝臓病治療のためアメリカで 手術を受ける予定

【その他の事例】
・住居移転により新居近くの園に転園。
・通園距離が長すぎるため、近くの保育所へ入所することとなる。

9 「進学先等」の欄／10 「幼稚園名及び所在地」の欄

「幼稚園名及び所在地」の欄

- ●園名…公立では都道府県名から書き、私立も省略せず正式な名称を書く。
  - 公立の場合…○○県○○郡○○町立○○幼稚園
  - 私立の場合…私立○○幼稚園
- ●所在地…都道府県の省略をせず、正確に記入する。➡ P.173（Q＆A⑪）
- ●あらかじめ印刷するか、ゴム印等を使用しても差し支えない。
  ➡ P.174（Q＆A⑫）

幼稚園名及び所在地	私立あさひ幼稚園　秋田県秋田市中央2-12

◆変更の場合に備えて、下部に余白を残して記入する。

（1）園名及び所在地変更の場合の訂正のしかた　➡ P.19

- ●変更の場合に備えて、下部に余白を残して記入する。
- ●抹消は＝線による。この場合、前記の文字が判読できるよう注意する。

幼稚園名及び所在地	東京都武蔵野市第一幼稚園 東京都武蔵野市吉祥寺321番地 東京都武蔵野市吉祥寺東町3-4-15

◆この場合は誤記ではなく、変更による訂正なので認印を押す必要はない。　➡ P.172（Q＆A⑧）

（2）幼児が通園している分園を記入する場合

- ●本園名及び本園の所在地を記入し、分園名及びその所在地は、下に（　）書きで記入する。

幼稚園名及び所在地	私立春日幼稚園　福岡市春日市中央2-12 （私立春日幼稚園南分園　福岡市春日市上崎1-2-9）

2〈学籍に関する記録〉の記入のしかた

 「年度及び入園（転入園）・進級時の幼児の年齢」の欄

● 年度は、4月1日から翌年3月31日に至る学年の属する年度を記入する。例えば、平成30年4月1日から平成31年3月31日の学年であれば「平成30年度」のように記入する。　　➡ P.174（Q＆A⑬）

● 年齢は、当該年度の4月1日現在における幼児の年齢を月数まで記入する。満3歳児の場合は、入園時の幼児の年齢を月数まで記入する。

＜平成24年5月24日生の場合＞

年度及び入園(転入園)・進級時の幼児の年齢	平成27年度 3歳 0か月	平成28年度 3歳 10か月	平成29年度 4歳 10か月	平成30年度 5歳 10か月

幼児の年齢早見表

	2歳	3歳	4歳	5歳
4/2～5/1　生まれ	2歳11か月	3歳11か月	4歳11か月	5歳11か月
5/2～6/1　生まれ	2歳10か月	3歳10か月	4歳10か月	5歳10か月
6/2～7/1　生まれ	2歳 9か月	3歳 9か月	4歳 9か月	5歳 9か月
7/2～8/1　生まれ	2歳 8か月	3歳 8か月	4歳 8か月	5歳 8か月
8/2～9/1　生まれ	2歳 7か月	3歳 7か月	4歳 7か月	5歳 7か月
9/2～10/1　生まれ	2歳 6か月	3歳 6か月	4歳 6か月	5歳 6か月
10/2～11/1生まれ	2歳 5か月	3歳 5か月	4歳 5か月	5歳 5か月
11/2～12/1生まれ	2歳 4か月	3歳 4か月	4歳 4か月	5歳 4か月
12/2～1/1　生まれ	2歳 3か月	3歳 3か月	4歳 3か月	5歳 3か月
1/2～2/1　生まれ	2歳 2か月	3歳 2か月	4歳 2か月	5歳 2か月
2/2～3/1　生まれ	2歳 1か月	3歳 1か月	4歳 1か月	5歳 1か月
3/2～4/1　生まれ	2歳 0か月	3歳 0か月	4歳 0か月	5歳 0か月

12 「園長氏名印」「学級担任者氏名印」の欄

園　長氏名　印	渡辺　武 ㊞	渡辺　武 ㊞	渡辺　武 ㊞	渡辺　武 ㊞
学級担任者氏名　印	田中　美奈 ㊞	阿部　真弓 ㊞	阿部　真弓 ㊞	山口久美子 ㊞

（1）同一年度内に園長または学級担任者に異動があった場合

●同一年度内に、園長または学級担任者が替わった場合には、その都度後任者の氏名を記入し、学年末に園長または担任であった者が、押印する。学年の途中で変更の生じることを考慮して、欄の下半分はあけておくとよい。

園　長氏名　印	吉田　裕司 ㊞	吉田　裕司 ㊞	吉田　裕司 ㊞	吉田　裕司 ㊞
学級担任者氏名　印	鈴木めぐみ ㊞	松田　美樹 ㊞	松田　美樹（4月～9月） 菊地　裕子（10月～3月）㊞	松田　美樹 ㊞

（2）担任及び副担任の2名で学級をもつ場合

●副担任者名を併記する。また、複数担任制の場合も、各教諭の氏名を記入する。　　　　　　　　　　　　　　➡ P.174（Q＆A⑭）

学級担任者氏名　印	中山美代子 ㊞ 今井　由美（副担任）	中山美代子 ㊞ 今井　由美（副担任）	中山美代子 ㊞ 山本あすか ㊞	中山美代子 ㊞ 山本あすか ㊞

（3）産休等で臨時職員が担任した場合

●学年末の担任が臨時教員の場合、氏名を併記すること。

学級担任者氏名　印	井上　祥子 ㊞	浅野　洋子 ㊞	浅野　洋子（4月～8月） 岩崎ひとみ ㊞（9月～3月）	荒井　里美 ㊞

※「印」は、学年末または転・退園の際に、記入について責任をもつ者が押印する。

3

〈指導に関する記録〉の記入のしかた

・・・・・・・・・・・・・・・・・・・・・・・・・・・・・・

1 「氏名・生年月日・性別」の欄
2 「指導の重点等」の欄
3 「指導上参考となる事項」の欄
4 「出欠の状況」の欄
5 「備考」の欄

3 〈指導に関する記録〉の記入のしかた

〈指導に関する記録〉の記入のしかた

　〈指導に関する記録〉は、幼稚園教育要領の趣旨に沿い、教育要領第2章の「ねらい及び内容」を、発達を捉える視点として示し、「指導の重点等」「指導上参考となる事項」等の欄により、当該幼児の1年間の指導の過程とその結果を要約し、次の年度の適切な指導に資するための資料としての性格をもつものである。

　また、学校教育法施行規則第28条②では、『前項の表簿（第24条第2項の抄本又は写しを除く。）は、別に定めるもののほか、5年間、これを保存しなければならない。ただし、指導要録及びその写しのうち入学、卒業等の学籍に関する記録については、その保存期間は、20年間とする』と規定されている。

➡ P.193 ／ P.223（通知）

1 「氏名・生年月日・性別」の欄

● **氏名**…楷書で書き、ふりがなを氏名の上に書く。
● **生年月日**…算用数字で示す。
● **性別**…「男」「女」のように書く。

1 「氏名・生年月日・性別」の欄／2 「指導の重点等」の欄

> **〈指導に関する記録〉の記入の位置**
>
> 　「幼稚園及び特別支援学校幼稚部における指導要録の改善について（通知）」により、〈指導に関する記録〉の「最終学年の指導に関する記録」が別葉となり、2葉となった。最終学年以前の用紙への記入する位置には、一定の決まりはなく、それぞれの園で統一した方がよいが、見やすく整理しやすくするために、4歳児を一番右の欄として記入するとよいだろう。また、途中入園は、その学年と同じ年度の位置に合わせるのが望ましい。
>
> ➡ P.22、174（Q&A ⑬）

2 「指導の重点等」の欄

●この欄には、各幼稚園の教育課程に基づいて設定される「学年の重点」と、それぞれの幼児ごとの「個人の重点」の2つの項目を記入する。

➡ P.223（通知）

指導の重点等	平成 27 年度
	(学年の重点) 園生活に慣れ、保育者や友達と遊びを楽しむ。
	(個人の重点) 保育者と一緒に遊びながら、園生活に慣れる。

◆「学年の重点」記入内容➡ P.42　◆用語例➡ P.50〜
◆「個人の重点」記入内容➡ P.43　◆用語例➡ P.50〜

35

3 〈指導に関する記録〉の記入のしかた

3 「指導上参考となる事項」の欄

| 指導上参考となる事項 | ・年長になったことを喜び、自覚をもって新入園児の世話をしていた。
・年中時からの親しい友達数人とサッカーやリレーを楽しみ、ルールでもめることもあったが、自分たちで解決しようとしていた。
・一泊保育や運動会の準備での話し合いでは、アイデアを出し積極的に関わるが、リーダー決めでは、相手に強く出られると、自分の意見を言えなくなり、引いてしまうことがあった。
・異年齢活動のお店屋さんごっこでは、年少・中児に優しく接し、役割を見つけたり方法を知らせたりしていた。保育者が周りの友達にそのことを伝え認めると、少しずつ自信をつけていった。
・3学期の作品展では、グループのリーダーになり、必要な材料を集めたり看板を書いたりと意欲的に活動し、達成感を味わった。
・3月に入り、卒園と進学を心配し不安定になることがあった。保育者と話し合うことで、徐々に落ち着いていった。
・環境の変化に敏感なため、今後も適切な援助を願う。 |

●「ねらい(発達を捉える視点)」及び「指導の重点等」に照らして、幼児の発達の姿について下記の内容等を順に押さえながら具体的に記述する。
　　➡ P.223〜224（通知）

─①学年の初めの幼児の姿

←②1年間の幼児の発達の姿
　※最終学年の後半の姿は、「幼児期の終わりまでに育ってほしい姿」を活用して記述する（詳細は P.108 を参照）

←③健康の状況等
　＊③は必要に応じて記入する。

◆記入内容解説➡ P.46
◆用語例➡ P.50〜

36

3 「指導上参考となる事項」の欄／4 「出欠の状況」の欄

 4 「出欠の状況」の欄

(1) 教育日数　➡ P.224（通知）

● 1年間に教育した総日数を記入する。

| 教育日数 | 145 | 215 | 216 |

最終学年
| 217 |

◆ 夏休みや冬休みなどにおける休暇中の登園日など、教育課程に位置付けられ実施された行事等は教育日数に含まれるが、それ以外は教育日数には含めない。したがって、プール遊びや自由参加の保育等は、教育日数とはみなされないこととなる。

◆ 教育日数は、幼稚園教育要領に基づき編成した教育課程の実施日と同日数であり、原則として同一年齢のすべての幼児について同日数となる。ただし、保育年数の異なる同一年齢児（例えば、2年保育5歳児と1年保育5歳児）は、教育日数が異なる場合がある。この場合は、それぞれの実施した日数を記入する。また、満3歳で入園した幼児については、入園時からの教育日数を記入する。

<転入園児等の場合>

転入園日以降の教育日数を記入する。

ただし、前の幼稚園での教育日数を（　）書きしておくとよい。

| 教育日数 | | 64
(150) | 216 |

最終学年
| 217 |

<転・退園児の場合>

転・退園日までの教育日数を記入する。

| 教育日数 | 145 | 215 | 216 |

最終学年
| 98 |

3〈指導に関する記録〉の記入のしかた

◆記入は幼児の該当する年齢に相応する年度の欄を使用する。
　転入園、途中入園は、その年の4月1日相当の年度欄に記入する。
◆幼稚園の毎学年の教育週数は、特別の事情のある場合を除き、39週を下ってはならない。　　　　　　　　　　　　　　　　　➡ P.193

（2）出席日数　➡ P.224（通知）

●1年間に出席した総日数を記入する。出席日数がない場合は空欄としないで「0」と記入する。
●早退、遅刻については出席として扱う。

＜転入園児の場合＞

出席日数		60 (148)	210	最終学年 212

5　「備考」の欄

●病気などによる欠席理由の主なもの等を記入する。学級閉鎖、出席停止、台風等の天災による休園、忌引等についてもこの欄に記入する。また、出席停止、忌引、長期にわたる病気やケガによる入院等の場合、その日数と理由を記す。　　　　　　　　　➡ P.178（Q＆A㉔）
●教育課程に係る教育時間の終了後等に行う教育活動を行っている場合には、必要に応じて当該教育活動を通した幼児の発達の姿を記入する。
　　　　　　　　　　　　　　　　　　　　　　　　➡ P.224（通知）

備考	・インフルエンザにより休園2日 ・出席停止5日（インフルエンザ）

〈出席停止について〉

「学校保健安全法施行規則」第18条に定められた、学校において予防すべき感染症にかかった場合、病名と、第19条に定められた出席停止日数を「備考」の欄に明記する。

➡ P.229「学校保健安全法施行規則（抄）」第3章第18条、19条参照（感染症の種類、出席停止の期間の基準を掲載）

〈忌引について〉

忌引は近親者が死亡した時に休んで喪に服することであるが、幼児の忌引日数にははっきりした基準がない。およそ職員に準ずればよい。東京都教育委員会では、「幼児の忌引日数を合計して記入すること。なお、幼児の忌引日数については、東京都学校職員の勤務時間、休日、休暇等に関する条例の忌引の規定等を参考にして、幼稚園で規定しておくことが望ましい。」と基準を示している。

➡ P.180（Q & A ㉙）

死亡した者が、
　　　　一親等の直系尊属（父母）…7日
　　　　二親等の直系尊属（祖父母）…3日
　　　　二親等の傍系者（兄弟姉妹）…3日
　　　　三親等の直系尊属（曾祖父母）…1日
　　　　三親等の傍系尊属（伯叔父母）…1日

4

〈指導に関する記録〉
記入内容解説と用語例

1 「指導の重点等」の記入内容
　　（1）「学年の重点」解説
　　（2）「個人の重点」解説
2 「指導上参考となる事項」の記入内容
　　◆「指導上参考となる事項」解説
3 〈指導に関する記録〉用語例
【満3歳児　用語例】
【3歳児　用語例】
【4歳児　用語例】
「最終学年の指導に関する記録」の記入にあたり
「幼児期の終わりまでに育ってほしい姿（10の姿）」を
　　　　　　　　読み取るためのチェックポイント
【5歳児　用語例】
【健康の状況等　用語例（満3歳～5歳児共通）】

4〈指導に関する記録〉記入内容解説と用語例

1 「指導の重点等」の記入内容

> 「指導の重点等」の欄には、当該年度における指導の過程について次の視点から記入する。
> **（1）学年の重点**
> 年度当初に、教育課程に基づき長期の見通しとして設定したものを記入する。
> **（2）個人の重点**
> １年間を振り返って、当該幼児の指導について特に重視してきた点を記入する。　　　　　　　　　　　　　　➡ P.223（通知）

（1）「学年の重点」解説

それぞれの幼稚園の教育課程に基づいて決められた、その学年の指導の重点を、学年の初めに「指導の重点等」の欄に記入する。

	平成　　年度
指導の重点等	（学年の重点）
	（個人の重点）

この指導の重点は、幼稚園教育要領に基づき、園の教育目標や地域の実態等を加味して設定されたものでなければならない。

記入の際は、その学年の全員に共通するものであるから、記述にあたってはゴム印等を利用して作業の軽便化を図っても差し支えない。

―【用語例について】➡ 用語例 P.50 〜 ―――
　本書では、各園から集めた実際の用語例を満３、３、４、５歳児の年齢別にまとめて50ページ以降に掲載した。自園の教育目標等を考慮しながら、重点を設定する際の参考にしてほしい。

（2）「個人の重点」解説

通知文では『1年間を振り返って、当該幼児の指導について特に重視してきた点を記入すること』と示されている。

したがって、この項目については学年の初めに記入する必要はないと考えられる。実際に幼児と接しながら保育

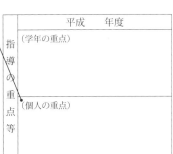

をしている中では、当初予想した重点と異なってくる場合もあり、その際は1年の過程を振り返って、特に重点を置いたものについて記入する。

そのため、一人ひとりの幼児と接する過程で、必要に応じて補助簿等に記入しておき、年度末に1年間の指導を振り返りながらまとめて記入する方が実際的である。

また、ここでは、一人ひとりの幼児の実態を、教師がどれだけ正確に把握しているかが問われてくる。普段から教務手帳、補助簿等を使い、できるだけ細かな記録を取る習慣をつけておくことが望ましく、それを参考に「個人の重点」をまとめていくことが必要である。

【用語例について】➡用語例 P.50～

「学年の重点」の用語例と同様に、各園での記述例を集め、学年別にまとめて示してある。自園の教育目標や教育課程、地域の実態、家庭の状況等を考慮しながら、当該幼児の姿をよく把握して、記入の際に参考にしていただきたい。また、当該幼児の保育年数によっても重点の設定のしかたが異なると思われるので、配慮が必要である。

2 「指導上参考となる事項」の記入内容

> 「ねらい」及び「指導の重点等」に照らし、1年間の指導の過程と幼児の発達の姿について記入するのが「指導上参考となる事項」である。➡ P.223 ～ 224（通知）

　「指導上参考となる事項」の欄への記入の際には、1年間の指導の過程と幼児の発達の姿について、次ページに示す、幼稚園教育要領第2章「ねらい及び内容」に示された各領域の"ねらい"を視点として、当該幼児の発達の実情から向上が著しいと思われるものを、幼稚園生活を通して全体的、総合的に捉えて記述する。その際、向上が著しいとは、他の幼児との比較や一定の基準に対する達成度についての評定によって捉えるものではないことに留意する必要がある。

　記述の際には、「1年間の幼児の発達の姿に、どういった変化・変容が見られたのか」という捉え方をするとよいだろう。

　50ページ以降に用語例を多く示したが、狭いスペースを有効に使用し幼児の発達の姿を的確に捉えるため、記述においては下記のことに注意してほしい。

①子どものよいところ、伸びようとするところに着目する
②子どもの姿が具体的にイメージできる言葉で書く
③思い込みの記述を避け、資料などをもとに事実に即して書く
④断定的な記述、また極端な言い方は避ける
⑤他の教師の意見も聞いて、客観的に子どもを捉えるようにする
⑥長文は避け、簡潔にまとめる　など

ねらい（発達を捉える視点） ※（1）～（5）の番号は 50 ページからの分類に対応

（1）健康
①明るく伸び伸びと行動し、充実感を味わう。
②自分の体を十分に動かし、進んで運動しようとする。
③健康、安全な生活に必要な習慣や態度を身に付け、見通しをもって行動する。

（2）人間関係
①幼稚園生活を楽しみ、自分の力で行動することの充実感を味わう。
②身近な人と親しみ、関わりを深め、工夫したり、協力したりして一緒に活動する楽しさを味わい、愛情や信頼感をもつ。
③社会生活における望ましい習慣や態度を身に付ける。

（3）環境
①身近な環境に親しみ、自然と触れ合う中で様々な事象に興味や関心をもつ。
②身近な環境に自分から関わり、発見を楽しんだり、考えたりし、それを生活に取り入れようとする。
③身近な事象を見たり、考えたり、扱ったりする中で、物の性質や数量、文字などに対する感覚を豊かにする。

（4）言葉
①自分の気持ちを言葉で表現する楽しさを味わう。
②人の言葉や話などをよく聞き、自分の経験したことや考えたことを話し、伝え合う喜びを味わう。
③日常生活に必要な言葉が分かるようになるとともに、絵本や物語などに親しみ、言葉に対する感覚を豊かにし、先生や友達と心を通わせる。

（5）表現
①いろいろなものの美しさなどに対する豊かな感性をもつ。
②感じたことや考えたことを自分なりに表現して楽しむ。
③生活の中でイメージを豊かにし、様々な表現を楽しむ。

4 〈指導に関する記録〉記入内容解説と用語例

◆「指導上参考となる事項」解説

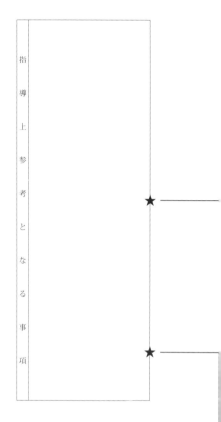

★①学年の初めの幼児の姿→

②1年間の幼児の発達の姿→
※最終学年の後半の姿は、「幼児期の終わりまでに育ってほしい姿」を活用して記述する（詳細はP.108を参照）

③健康の状況等→

①学年の初めの幼児の姿

　「指導上参考となる事項」の冒頭に書くのがこの項目だが、これは1年間の幼児の成長変化の過程を捉えていく上で、また、教師自身の指導に対する反省等をする上で、大切な記入内容である。学年の初めに、補助簿や教務手帳等に必ず記録を取っておく配慮が必要である。

【用語例について】➡用語例 P.50〜

　用語例は、学年の初めに見られた幼児の姿の一部を簡単に表した。個人差の大きいのが幼児期の特性であるので、その幼児の発達の姿にかなった記述を選択していく必要がある。

②１年間の幼児の発達の姿

「１年間の幼児の発達の姿」は、年間を通して、一人ひとりの幼児の園における生活や遊びの姿を記録する部分であり、補助簿や教務手帳等を参照し、年度末に記入する。

> **【用語例について】** ➡ 用語例 P50〜
>
> 　用語例は、〈指導に関する記録〉の「ねらい（発達を捉える視点）」欄のひとつの項目を視点として、"当該幼児の発達の実情から向上が著しい"と思われる事例を取り上げたものである。
>
> 　「こんな変化・変容があった子どもだから……」というように、「ねらい」と用語例を相互に対比させた見方をしてほしい。なお、ひとつの事例からいくつかのねらいへの到達の可能性も考えられるため、ここでの分類はあくまでも参考事例としてお読みいただきたい。
>
> 　また、入園当初の子どもの姿を書かないと、著しい発達の具体的なところがつかめないため、「学年の初めの幼児の姿」の内容も含め、長文の表記となっていることをあらかじめ了解していただきたい。
>
> **＜具体的な興味や関心＞＜遊びの傾向＞＜生活への取り組み方＞用語例**
>
> 　「ねらい」15項目別の用語例を紹介した後に、幼児の発達の姿を示す事例を、＜具体的な興味や関心＞＜遊びの傾向＞＜生活への取り組み方＞という項目で分類して掲載している。
>
> 　幼児の発達の姿を的確に捉えていこうとするには、その幼児がどのような事柄に具体的な興味や関心をもっているのか、遊びにはどのような傾向が見られるのか、また、生活全体を通しての心情、意欲、態度など、生活に取り組む様子はどうであったか、などに視点をあてることが必要である。できるだけ客観的に、子どもの姿がイメージできる表現を用い、幼児理解のための適切な記述であることが望ましい。

③健康の状況等　➡解説は次ページへ

③健康の状況等

　幼児の健康の状況は、指導との関連から具体的に捉えていくという考え方により、指導上特に記述する必要があると判断される場合のみ、「指導上参考となる事項」の末尾などに記入しておくようにする。

➡ P.224（通知）

◆出席停止、入院などについては「備考」の欄に記入する。

➡ P.38

【用語例について】➡用語例 P.50～

　満3歳～5歳児共通の用語例を掲載している。補助簿などで押さえてある詳細な健康の状況の記録から、最少限度伝えておきたい事項のみを掲げたものである。対処などについては個々の事例によって異なるので、家庭との密接な連絡の上で、記入する必要がある。

〈指導に関する記録〉用語例

　次ページからの用語例では、年齢ごとに「学年の重点」「個人の重点」各領域に示す「ねらい」の15項目別に用語例を紹介し、最後に幼児の発達の姿を示す用語例を、＜具体的な興味や関心＞＜遊びの傾向＞＜生活への取り組み方＞という項目で分類してまとめた。
　年齢別に分類したが、ここでの分類は目安とし、また、幼児により発達に差が見られる場合もあることを念頭において、参考にしていただきたい。
　また、用語例の最後に満3歳〜5歳児共通の「健康の状況等」の用語例を掲載した。

　なお、繰り返しになるが、「指導上参考となる事項」の欄への実際の記入にあたっては、幼稚園生活を通して全体的、総合的に捉えた幼児の発達の姿を記述するよう心がける必要がある。

【満3歳児　用語例】➡ P.50
【3歳児　用語例】➡ P.68
【4歳児　用語例】➡ P.86
【5歳児　用語例】➡ P.118
【健康の状況等　用語例】➡ P.141

満3歳児　用語例

◆**学年の重点**
- 保育者と関わりながら、安定した園生活を過ごす。
- 保育者や友達と一緒に園生活を楽しむ。
- 園生活の中で身の回りのことを自分でやろうとする。
- 園生活の様子を知り、生活の流れやきまりに慣れる。
- 園生活の中で、安定して自分の気持ちを表現する。
- 園生活に慣れ、保育者や友達と遊びを楽しむ。
- 自分の好きな遊びを見つけ、思う存分遊ぶ。
- いろいろな遊具や素材に触れ、楽しんで遊ぶ。
- 自分の思いを、言葉や遊びを通して自分なりに伝える。
- 体を十分に動かして遊ぶ。
- 生活や遊びを通して、身近なものに興味や関心をもとうとする。
- 生活や遊びを通して友達と関わり、相手の気持ちに気づいていく。
- 遊びを通して友達と一緒にすることを喜ぶ。
- 友達の遊びに興味をもち、自分でもやってみようとする。
- ごっこ遊びや集団での遊びを通して、友達と遊ぶおもしろさを知る。
- 気の合う友達と一緒に遊びを楽しむ。

◆**個人の重点**
- 保育者と一緒に遊びながら、園生活に慣れる。
- 好きな遊びを見つけ、自分から遊んでみる。
- 自分の気持ちやしてほしいことを保育者に伝えようとする。
- いろいろなものや人に、興味や関心をもつ。
- 友達と一緒に遊びを楽しむ。
- 園生活に慣れ、身の回りのことを自分でしようとする。
- 園生活に慣れ、安全に気をつけて遊ぼうとする。

- 保育者や友達と親しんで話そうとする。
- クラスでの遊びを楽しもうとする。
- 保育者や友達の話に興味や関心をもつ。
- 自分なりに絵を描くことを楽しむ。
- 全身を使って楽しく遊ぶ。
- 土や水に親しんで遊ぶ。
- 身の回りの小動物や草花に触れ親しむ。
- 身近な遊具に触れ、楽しんで遊ぶ。
- いろいろな材料や道具に興味をもち、使って遊ぼうとする。
- 歌ったり、踊ったりして表現遊びを楽しむ。
- 自分の気持ちを保育者や友達に言葉で伝えようとする。
- 戸外で元気に遊ぶ。
- お話や絵本に親しみをもって関わる。
- 自分のイメージをふくらませて遊ぶ。

＜学年の初めの幼児の姿＞

- 登園時に母親から離れられずに泣く。
- 登園を嫌がり、手足をバタつかせ、全身で表現する。
- 登園をしぶって泣くが、保育者に抱かれるとすぐに心が落ち着き、笑顔になる。
- 登園時すぐに部屋に入れず、入口に座り込み葛藤する。
- 登園時にはかばんも置かず、園庭の池を見たりウサギに餌をやったりして、自分のペースで遊んでから入室する。
- 登園後、不安になると姉（年中児）のそばに行き、そのまま姉の部屋で過ごすことがある。
- 靴箱やロッカーの自分のマークが気に入り、靴やかばんを入れたり出したりして遊ぶ。
- 自分の靴箱やロッカーのマークがわかる。

4 〈指導に関する記録〉記入内容解説と用語例

- 朝の身支度は保育者と一緒に行う。
- トイレに行く際、保育者を呼ぶが、ぎりぎりになりもらしてしまうことも多い。
- 紙おむつで登園するが、途中でパンツにはきかえると、嫌がらずおしっこを教える。
- トイレに行きたがらず、もよおすと泣いたり叫んだりして不機嫌になる。
- 尿意や便意がわからず、誘っても首をふってトイレに行くことを拒む。
- 衣服の着脱を自分でやろうとはするが、着脱がうまくできず、保育者に手伝ってもらう。
- 衣服の着脱時に裸のまま走り回ったり、嬉しくて大声を出したりする。
- 食事（弁当）の時座っていられず、途中で立ったり、遊んだりしながら食べることがある。
- 手洗いに行くと水道で水遊びをして、いつまでも戻ってこない。
- 食べる量にムラがあり、食べたり食べなかったりする。
- おやつや弁当が好きで、楽しみに昼食の準備をする。
- 食事の途中で飽きてしまうが、保育者に介助してもらうと最後まで食べることがある。
- 食事の前の手洗いや準備が一人でできず、保育者に促されたり、一緒にやってもらったりする。
- 食事中に他のことに興味が移り、後片づけをしないことがある。
- 水道の蛇口の調節がうまくできず、出し過ぎたり閉められなかったりする。
- 「おはよう」と保育者が挨拶しても、照れて応えないことがある。
- 遊びの途中で、寝転んだり指をしゃぶったりして、遊びを続けることができずにいる。
- いろいろな遊びに興味を示すが、ひとつの遊びが長く続かない。
- 気に入った遊びだと周りを気にせず没頭する。

- いろいろなことに興味が移り、園内を探索して遊んでいる。
- 水遊びが好きで感触を楽しんでいる。
- 汚れたり泥がかかったりすることを嫌い、水遊びでは泣くことが多い。
- いろいろな物に触れたり、使ったりして遊ぶが、片づけをしたがらない。
- ウサギやハムスターに興味をもち、触りたがるが、加減がわからない。
- 小麦粉粘土やぬいぐるみなど、感触のよい物を好み、ペタペタたたいたり肌に付けてみたりして楽しむ。
- ままごとやお母さんごっこを好み、自分の世界に入り込んで遊ぶ。
- 夢中で遊び、疲れてしまい、ぐずったり機嫌が悪くなったりする。
- 遊んでいるうちに疲れたり困ったりすると保育者に甘えたり、助けを求めたりする。
- 自分が遊んでいる物と、友達が遊んでいる物との区別がつかず、取ったり取られたりのけんかが多い。
- けんかをすると、かんだり引っかいたりする。
- 友達が保育者に抱かれているのを見ると「ダメ」と言って押しのけようとする。
- 友達のいる所に入りたがらず、「集まり」の声かけに応じようとしない。
- クラス活動の中で自分の興味のあるものには取り組むが、ないものには参加せず、マイペースでいる。
- 年上の子どもの遊びに興味をもち、まねをして遊ぶ。

4 〈指導に関する記録〉記入内容解説と用語例

（1）健康

①明るく伸び伸びと行動し、充実感を味わう

- 6月に入園。入園当初は登園しても入室せず、自分のしたいことを園庭で遊んでいた。また、クラスの中に入るのを嫌がり、泣いたり暴れたりした。保育者が本児のペースに寄り添い9月まで見守っていたところ、徐々にクラスの中に入れるようになり、笑顔を見せて遊べるようになった。

- 入園当初（9月）から自分なりによく遊んでいたが、9月末に物の取り合いで友達とけんかをしてから園を嫌がり、毎日泣いて保育者に抱かれて過ごすことが多かった。12月に取り組んだ劇ごっこのダンスが気に入り、毎日張り切って踊るうちに、気持ちが落ち着き園生活を楽しめるようになってきた。

- 10月に入園。園全体が運動会に向けての取り組みの時期で、本児は流れをつかむことができず、登園を嫌がっていた。無理に参加させず、本児の興味ある砂場遊びを十分楽しむうちに落ち着き、自らかけっこに参加するようになり気持ちも安定していった。

- 新しい環境に慣れるまで、部屋の隅でじっとしていたり、みんなの中に入らず部屋から出ていったりしていたので、母親にしばらく付き添ってもらうことで、園生活に慣れていった。

- クラスでは気分にムラがあり長泣きするが、教育課程外の保育の中で、年長児に世話をされると安心して遊びを楽しみ、落ち着いて過ごす。

②自分の体を十分に動かし、進んで運動しようとする

- 入園当初（9月）は、園生活に慣れず、登園すると部屋の隅でゴロゴロし、指をくわえている姿が目立った。保育者が遊びに誘っても、抱っこを求め依存していた。11月、年長のS男が本児の面倒をみるようになると、S男についていき、かけっこをしたりすべり台で遊んだりするようになった。

- いろいろな遊びに興味をもち取り組むことができる。遊びに入るまでは探索する姿が多く見られる。また、遊具を登ったり渡ったりするが、危険を予測できずに行うことが多かった。3学期に入ると気持ちが安定したのか、ブランコやすべり台でスピードをコントロールするようになり、遊びも少しずつ継続して楽しむようになった。
- 体の動きがぎこちなく、ちょっとしたことで転んでバランスをくずすことが多い。母親に伝えたところ病院に行き、股関節の病気と診断された。病院と連携しながら、本児の動きを援助し続けたことで、3学期にはバランスよく走ることができるようになった。今後もケアが必要と思われる。

③健康、安全な生活に必要な習慣や態度を身に付け、見通しをもって行動する

- 入園当初（6月）トイレに行くのを嫌がっていたが9月に、優しく本児の面倒をみてくれる年長児がトイレに座るのを見て自分も行い、トイレが使えるようになった。
- 食事に対する関心が低く、おやつや給食を嫌がって遊び始めていた。お弁当の日に食べられるものを入れてもらい、食べたことをほめたり友達との食事の楽しさを繰り返し伝えたりしたことで、3学期には自分から楽しく食事をするようになった。
- 着替えにこだわりがあり、泥で汚れたり水でぬれたりしても「着替えない」と泣いて主張していたが、7月に着替えの絵本を読んだところ、絵本が気に入り、スムーズに着替えるようになった。
- 高い所に登ったり危険な場所から飛び降りたりし、年長児から注意されても反発することが多かった。保育者が一緒に遊ぶうちに落ち着き、12月に友達ができて遊ぶようになると、危ない遊びはなくなった。

（2）人間関係

①幼稚園生活を楽しみ、自分の力で行動することの充実感を味わう

- 身の回りのことで自分のしてほしいことを「できない」「やって」と伝えられるようになった。保育者は手伝いつつも、靴の取り替えなどひとつひとつやり方を知らせていった。1学期の終わりごろから自分でできるようになり、2学期には新入園の友達の手伝いをするようになった。
- みんなと一緒に遊ぶことに不安があり、部屋の隅にいたり、集会にも参加できずにいた。保育者と一緒に絵本や紙芝居を見るうちに少しずつ自分の気持ちを出せるようになり、12月の劇遊び会では、自分から役を選び、みんなと一緒に参加することができるようになった。
- 入園当初は新しい環境に戸惑っていたが、自分の好きな遊びを見つけると、自分なりに遊べるようになり、保育者を誘い込んだり、近くにいる友達と一緒に遊ぶようになった。
- ブロックや積み木で遊ぶのを好み、箱から出して遊ぶものの、片づけに取り組めないことがあった。保育者が他児と一緒に片づけ屋さんごっこで遊んだところ、自ら片づけられるようになった。

②身近な人と親しみ、関わりを深め、工夫したり、協力したりして一緒に活動する楽しさを味わい、愛情や信頼感をもつ

- 9月に入園したが、当初は不安感が強く何も言えず黙っていることが多かった。保育者は本児の心に寄り添うと同時に、母親と面談した。「下の子が生まれてから手が掛かる」ということだったので、甘えを受け止めることの大切さを伝えた。3学期になると本児から保育者に甘えたり、ふざけたりができるようになってきた。
- 入園（6月）当初は、いろいろなものに興味をもって、自分なりに遊び、集会時に呼んでも遊びに夢中になって集まらずにいた。自分なりの思いで行動するものの、2学期の半ばより親しい遊び友達ができ、遊び

の充実とともにクラスの活動にも参加するようになった。
- 11月に入園したが、年長児の姉の後を追い、姉が見えなくなるとすぐに泣き出し、止まらなかった。姉の他に、姉の友達の年長児2人がいろいろと世話してくれるようになると気持ちが落ち着き、3学期にはクラスの友達とも遊ぶようになった。
- 他児の遊びをじっと見ていることが多く、自分から遊びに参加することはなかったが、10月に家の近くの親しい友達が入園してくると、身支度を手伝ったり教えたりし、その子を通して進んで遊べるようになってきた。

③社会生活における望ましい習慣や態度を身に付ける
- 何にでも興味を示し積極的に遊ぶが、思いが強く、時にトラブルになることが多かった。その都度保育者は本児の気持ちを受容しながら関わり方を知らせていった。3学期になると落ち着き、「貸して」「ごめんね」などが言えるようになった。
- 友達に押されたり「ダメ」と言われたりするとショックを受け、母親に「いじめられる」と言い、母親が心配し相談に来た。3歳児の友達ができる時期や育ちの特徴を伝えていくと理解し、焦らず見守るようになった。その後、友達を押したり強く言ったりする時期もあったが、3学期には友達とのトラブルも少なくなり落ち着いてきた。
- おもちゃを集めたがり、全部自分で抱え込んで「ダメ」「貸さない」と言う。保育者がみんなで使うことを伝えても「イヤ」と言っていた。保育者には貸すので、みんなの前でほめたところ、徐々に友達にも貸せるようになってきた。
- 生活に慣れてくると、3歳児や4歳児の遊びを見てまねをしようとしたり、自分から「入れて」と言ったりして仲間に入ろうとする。年上の子の刺激を受けながらともに遊ぶことを楽しんでいた。

（3）環境

①身近な環境に親しみ、自然と触れ合う中で様々な事象に興味や関心をもつ

- 入園（10月）当初、泣いていて保育者が寄り添うことが多かった。保育者がハムスターに野菜をやったところを見て興味をもち、毎日、家から野菜を持ってくるようになった。ハムスターに関心を寄せてから、泣かないで登園するようになった。

- 表情がなく、いつも園庭の隅で泥遊びをしていた。10月に園庭にある鳥の水飲み場にスズメが来て水浴びする姿を見てびっくりして、じっと見つめたあと「鳥来たね」と保育者に伝え、保育者が共感すると、生き生きした表情が見られるようになった。

- 園庭の草花に興味をもち、植えてある花を摘み取り、年長児が注意しても理解できずに繰り返していた。保育者はひとつの鉢を「○○ちゃんの花よ」と伝えたところ、水をやるなど、花を大切にしようとする姿が見られた。

- 園庭で遊ぶことが好きで、入園（6月）直後は雨の日も園庭に出て行っていた。雨にぬれて保育室に戻ってきて、着替えを繰り返した。園庭に出る時に保育者が一緒に傘をさして散歩したところ、気持ちが落ち着いたのか、雨の日の外歩きはなくなった。

②身近な環境に自分から関わり、発見を楽しんだり、考えたりし、それを生活に取り入れようとする

- 入園（9月）当初は泣いていて、遊びをじっと見ていることが多かった。10月になり保育者がだれもいないままごとコーナーに誘うと、ままごと遊びを始めた。しゃべらないものの、動作や手つきは料理をする親のしぐさをよく模倣していた。その後、コーナーに慣れ、遊びを楽しめるようになった。

- 登園時、いろいろなことに興味があり、帽子やクレヨンなどをあちこ

ちに置いたまま遊んでいた。自分のロッカーや引き出しがあるにもかかわらず、所持品が散らばったままだった。12月にロッカーや引き出しの大掃除をみんなで行ったところ自分のロッカーのマークを意識し、物の管理ができるようになった。
- 散歩に出かけると、足元に興味をもち、石や葉っぱ、木片を集めていた。園に戻るとさっそく砂場遊びで使い、「先生、見て〜」と得意そうに遊んでいた。

③身近な事象を見たり、考えたり、扱ったりする中で、物の性質や数量、文字などに対する感覚を豊かにする

- 入園当初（9月）は砂に触ったり泥がついたりすることを嫌がる姿が見られた。保育者が砂場で水運びを頼み、ジョウロで水運びを手伝って遊ぶうちに慣れてきて、嫌がらずに遊べるようになった。
- 遊ぶ意欲は十分にあり何にでも興味をもつが、道具を使ったり操作したりすることがぎこちない。はさみの持ち方が逆手で、保育者が手を添えて直していくが戻ってしまう。今後も指導を続けていってほしい。
- 3歳になったことを喜び、みんなに「3歳、3歳」と言っていた。大きくなることが嬉しく「重くなった？」と抱っこを求めたり「みっちゃん大きいよ！」と主張したりして喜んでいた。
- 大型積み木が好きでよく遊び、並べたりつなげたりし「線路だよ」などと見立てて遊んでいた。3学期になると、三角の積み木を「いす」、四角の積み木を「テレビ」、長四角を「机」などと生活の中の物に見立ててより工夫して使い、遊びの幅を広げていた。

（4）言葉

①自分の気持ちを言葉で表現する楽しさを味わう

- 入園（10月）当初、母親から離れられず毎日泣いて登園し、会話には首を振ったりうなずいたりするだけの意志表示だった。保育者が本児が言葉で答えられるような質問をしていくうち、少しずつ話すようになってきた。3学期になると、友達と話し合うなど言葉で伝え合えるようになった。

- 入園当初（5月）は、他児が自分のそばに近づくと遠ざけようと奇声を発することが多く、周りの子も面白がって、からかうようになった。保育者が、友達との関わりの場面で気持ちや状況を伝えていったところ次第に落ち着いてきて自分の要求を言葉で伝えられるようになった。

- 父親がアメリカ人で家での会話は英語だが、日本人の母親は本児は「日本語を理解しているし話せる」と言っていた。しかし、必要な時も言葉を発せずニヤニヤしていた。3月に遊びの中で本児が「やめろよ」と言ったのをきっかけに、日本語で話すようになり、友達と会話していた。

②人の言葉や話などをよく聞き、自分の経験したことや考えたことを話し、伝え合う喜びを味わう

- 入園当初（6月）から保育者を相手によく話していた。途中、友達が来て話そうとすると、すぐ友達の口を押さえ「ダメ」と言い、譲り合うことが難しい。9月頃、友達の中に入り遊べるようになると安定し、仲間の話も聞けるようになった。

- 入園（11月）時、通園バスの中で泣いていた。保育者が寄り添うことで泣き止むと、周りの子どもの話に耳を傾け、家に帰るといろいろ報告するとのことだった。3学期になり気持ちが落ち着くと、バスの中で自分の家のことなどを聞かせてくれるようになった。

- ままごと遊びの中で友達と一緒にいても会話はなく、自分のペースで遊んでいた。3学期になると、ままごとで「待っててね」「ごはん食べてからね」と会話する姿が見られるようになり、自分の気持ちが伝えられるようになった。
- クラスの中で話を聞かず動き回っていることが多かった。保育者の言っていることがわからないようだったので、個別に話したり、座る位置を前にしたりした。少しずつ聞こうとする姿も見られるようになり、2月頃にはみんなの中にいることができるようになってきている。今後も配慮と指導を願う。

③日常生活に必要な言葉が分かるようになるとともに、絵本や物語などに親しみ、言葉に対する感覚を豊かにし、先生や友達と心を通わせる

- 自分の気持ちが抑えきれず、つい「バカ」「ウンチ」「やだよ」などの言葉を発し、周りの子が喜ぶとますます面白がっていた。本児の気持ちを受け止め、受容していったところ安定し、少しずつ「おはよう」と言ったり、「入れて」と言ったりするようになった。
- 入園（1月）直後は照れて挨拶をしなかった。母親はそのことを気にしていたが、心を開くと自然に言えるようになることを伝えていった。1か月後には大きな声で「おはよう」と挨拶するようになった。
- 入園当初（9月）、紙芝居や絵本に興味を示さず、1対1で絵本を読んでも途中で立ち歩いてしまった。母親の話から、○○マンの絵本が大好きなことがわかったので、その本を園に持ってくるように言うと、本人は喜んで○○マンの話をしたり絵本を見たりしていた。これを繰り返すうち、クラスでも絵本を見られるようになった。

(5) 表現

①いろいろなものの美しさなどに対する豊かな感性をもつ

- 水遊びや泥遊びが好きで遊び込み、毎日洋服を汚し、着替える。洋服棚よりサイズの合う服を出すと「それ、いや」「こっち」と好みの服を指し、要求した。どれもカラフルで本児に似合うものであった。
- 友達の頭のリボンや保育者の洋服がきれいな色や形だったりすると、黙ってなでたり「きれいだね」と言ったりすることがあった。また、友達の妹（1歳）が園に遊びに来た時に、頭を優しくなでたりする姿が見られた。
- 入園当初（9月）から戦いごっこが好きで、いつもヒーローになり友達に一方的な戦いをしかけるためにトラブルが多かった。2月頃ハムスターに興味をもち、優しくなでながら「先生、柔らかいね」「目、かわいいね」と言ったりしてかわいがるようになった。それ以来、遊びの幅が広がった。
- 2月に弁当を食べている時、急に真剣な顔をして「チッチと言ったね」と言う。確かめてみると園庭にスズメが来て、餌を食べているところだった。ざわついた中でも、スズメの鳴き声に気づくような感受性が見られた。
- クラスで読んだ本を気に入って何回も「読んで」と言う。面白い場面で笑って喜ぶ。

②感じたことや考えたことを自分なりに表現して楽しむ

- 外で遊ぶことが多く、絵を描くことは苦手で、保育者が誘ったり促したりしても描かなかった。2月に遊んだ、お化けごっこのあとでお化けを描いた時は、いろいろなクレヨンを使いグルグル巻きの絵を嬉しそうに描いていた。今後も絵に抵抗なく表現が楽しめるよう指導を望む。
- 入園当初（6月）に登園をしぶり、よく泣いた。保育者がCDをかけ

てダンスに誘うと、緊張しながらも踊っていた。繰り返すうちにダンスが好きになり自ら「やりたい！」と言って繰り返し踊っていた。運動会のダンスは表情豊かに踊った。
- クラス集会の中に入らず、離れて見ていることが多かった。動物の表現遊びの時、頬をふくらませたので「なに？」と聞くと「ゴリラ」と言った。友達に知らせてみんなでゴリラになると、本児も嬉しそうに表現遊びに参加した。
- 絵を描くことを好まず、ほとんど描かなかったが、３月に冬眠中のカメをたらいに出して、絵の具で描いたところ、何枚もぬたくりを楽しんでいた。
- 自由画帳にたくさんの○を書いて、「これパパ」「ママ」「わたし」と命名して保育者に見せて喜ぶ。

③生活の中でイメージを豊かにし、様々な表現を楽しむ

- 入園（９月）当初、みんなの遊びをじっと見ていることが多かった。１１月にいろいろなお面を作って遊んでいたところ、保育者に「ネコ描いて」と言ったので、ネコのお面を作ると喜んで毎日ネコになり、動作を繰り返していた。この時期より園に慣れ、自分を出して楽しめるようになった。
- 入園直後（６月）は不安定で、年中児の姉のあとを追っていることが多かった。姉が友達とままごとをしている中に入り、赤ちゃん役をしてそれがとても上手で周りの年中児にかわいがられる。受け入れられたことから安定し、クラスでも遊びを楽しめるようになった。
- 絵を描くことが苦手で、２学期の初めは「何描いたの？」と聞くと、困った様子で「お化け」「風」などと答えていた。３学期になると、自分のイメージが表現できるようになり「これ、パパ。傘に入ってるの」と絵の説明をし、楽しんで描くようになった。
- イメージの世界で遊ぶことを好み、いつもドレスを着てお姫様ごっこ

を楽しむ。12月の劇遊びでは、赤ずきんちゃんの役を自ら選び、楽しんで行っていた。

＜具体的な興味や関心＞
- 自分でやりたいもの、やれそうなものを見つけて、やろうとする。
- 保育者の動きを見たり、甘えたり、誘いかけに従ったりし、依存する。
- 目に見えるもの、手に届くものに好奇心をもち、遊んでみる。
- 保育者の動きや友達の動きを見てまねをする。
- なんでもやってみようとするが、長続きせず、遊びがあちこちに移っていく。
- テレビのヒーロー（ヒロイン）に憧れをもち、なりきって遊ぶ。
- 大きくなることに憧れをもち、誕生日に年齢が上がることを喜ぶ。
- 足がしっかりしたことで、行動範囲が広がるとともに、走ったり、跳んだり、登ったり降りたりする遊びに興味をもつ。
- 園庭にある遊具で、自分でできそうなもの、面白そうなものを見つけて遊ぶ。
- 友達の動きに興味をもち、一緒に行動したり離れてみたりして気にかける。
- 小動物（ハムスター、ウサギ、カメ、ザリガニ等）など、動くものに関心を示す。
- 虫（アリ、ダンゴムシ、チョウチョウ等）に興味をもち、触ったり追いかけたりする。
- 園庭に鳥が来ると、友達に知らせたり、様子を観察したりする。
- 曇ったり、日がさしたり、赤くなったり、青くなったりする空の変化に興味をもつ。
- 保育者や友達の言葉に反応し、面白い言葉や珍しい言葉をすぐに使いたがる。
- 友達に対して「ダメ」「いやだ」とまず拒否して、相手の反応をみる。

- 絵本や紙芝居に興味をもち、イメージを広げたり、生活に結びつけたりする。
- 自分のイメージや、やりたいことを表現しようとし、話したり絵に描いたりする。
- 手遊びや歌に反応し、身体をリズミカルに動かしたり歌ったりする。
- 生活の中の道具に興味をもち、名前を聞いたり使ってみたりする。
- 食べ物に興味を示し、食べたがったり、どんな味か保育者に尋ねたりする。
- 柔らかかったり、フワフワしたり、スベスベしたり、ツルツルしたり、デコボコしたりする感触を楽しむ。
- 園生活の中で、行事等があることに気づき、楽しみに待つ。

＜遊びの傾向＞

- 走ったり、跳んだり、身体全体を使ったりする遊びを好む。
- 三輪車に乗って、園庭中を走り回ったり、同じ所をぐるぐる回ったりして楽しむ。
- ブランコを押してもらったり、すべり台をすべったり、鉄棒にぶら下がったりして遊ぶ。
- 高い所に全身を使ってよじ登ったり降りたりして遊ぶ。
- 友達とヒーロー（ヒロイン）ごっこをしたり、ままごとをしたりして遊ぶ。
- 友達と遊んでいるうちにけんかとなり、かんだり引っかいたりすることがある。
- 自分のしたい遊びに没頭する。友達の遊びに入ろうとすることもあるが、友達の持っている物を欲しがり取り合いになることも多い。
- 砂場で砂を掘ったり、ペタペタたたいたり、バケツに入れたりして遊ぶ。
- 砂と水を混ぜ合わせて、泥んこ遊びをする。
- 水遊びを好み、水をためたり、流したり、水道の蛇口からほとばしる

水を触ったりして遊ぶ。
- 水たまりを見つけると、自分で入ったり、石を投げたりする。
- 簡単なパズルの図形で遊ぶ。
- 積み木を重ねたり、つなげたり、見立てたりして構成遊びをする。
- 小麦粉粘土など、軟らかい物や感触のよい物を好み、伸ばしたり丸めたりして遊ぶ。
- 友達と面白い言葉を言って笑い合う。
- ブクブク、グラグラ、ポヨポヨなど、繰り返す言葉や擬音に興味をもち、言い合って遊ぶ。
- 友達の遊びに入る時に、「入れて」「まぜて」などの言葉を使うようになる。
- 絵本や紙芝居を読んでもらい、イメージを広げる。
- クレヨンやマーカー、絵の具を使い、自分の描きたいものやイメージしたものを描く。
- 廃材の箱を並べたりセロハンテープでくっつけたりしながら、自分のイメージを表現して遊ぶ。
- 歌を歌ったり手遊びをしたり、身体表現をしたりして遊ぶ。
- 簡単な劇ごっこで、いろいろな役になって遊ぶ。
- いろいろな物を拾ってポケットに入れて収集する。
- 生活の中のことや自分の経験、体験したことを遊びに取り入れ、再現して遊ぶ。(バスごっこ、お母さんごっこ、赤ちゃんごっこ、タクシーごっこ等)

＜生活への取り組み方＞
- 身の回りのことを保育者と一緒にやろうとする。
- 園生活の過ごし方に慣れると自分でやろうとするが、変化があると混乱する。
- 自分の靴箱やロッカーがわかり、自分の持ち物を出したりしまったり

するようになる。
- 自分の物と他人の物の区別が時々つかなくなり、取り合いをしてけんかになる。
- トイレに一人で行けず、保育者を呼んで用を足すが、失敗することもある。
- 大便は自分で拭けず、保育者にしてもらう。
- 食事は、はしやスプーン、フォークを使って食べるが、こぼすことが多い。
- 食事の量や食べる物にムラがあり、食べたり食べなかったりする。
- 食事の途中に立ち歩いたり、遊んだりすることがある。
- 食事の途中で飽きてしまい、保育者に口に入れて食べさせてもらうことがある。
- 食事のあとの片づけができないで、保育者に手伝ってもらう。
- 食事の前の手洗いは、促されたり、保育者が一緒に行ったりすればできる。
- パンツははけるが、他の衣服の着脱は、保育者の手伝いを必要とする。
- 衣服が汚れると、すぐに着替えたがる。
- 着替えることに抵抗を示し、嫌がる。
- 裸になることを喜んだり、はだしで走り回ったりする。
- 手足が汚れるのを嫌がり、少し汚れるとすぐに洗う。
- 順番がわからず、一番にやりたがる。
- 寝転んでゴロゴロしたり、指をしゃぶったり、物をかんだり、なめたりする。
- 環境が変わるとすぐに疲れたり、熱を出したりすることがある。
- 園生活の中での危険な場所が理解できず、近づいたり飛び出したりすることがある。
- 片づけはできず、保育者に促されたり手伝ってもらったりする。
- できるようになることを喜び、繰り返して行う。

3歳児　用語例

◆学年の重点
- 園生活に慣れ、保育者や友達と関わりながら喜んで遊ぶ。
- 明るく伸び伸びと園生活を過ごし、友達と遊ぶことを喜ぶ。
- 自分のしたいことや感じたことを表現しようとする。
- 喜んで登園し、自分のしたいことを見つけて喜ぶ。
- 戸外で伸び伸びと身体を使って遊ぶことを喜ぶ。
- 自分の思っていることや、してほしいことを相手に伝えようとする。
- 友達との遊びに必要な言葉が言えるようになる。
- 基本的な生活習慣において、自分でできることは自分でしようとする。
- 園生活の流れやきまりがわかる。
- 保育者と信頼関係を築き、安心して自分を出して遊ぶ。
- 友達のいる楽しさを知り、仲よく遊ぶ。
- 気の合う友達と好きな遊びを見つけ、遊ぶ。
- 自分の思いを表現し合いながら遊ぶことを楽しむ。
- 安全に園生活を送るためのルールを知り、生活する。

◆個人の重点
- 園生活や保育者に慣れ、友達と遊ぶ楽しさを知る。
- 自分の気持ちを相手に言葉で伝えられるようになる。
- 自分の気持ちを自分で保育者に伝える。
- 困った時に自分で保育者や周囲の大人に助けを求めようとする。
- 友達に積極的に声をかけて遊べるようになる。
- 友達の気持ちに気づきながら、一緒に遊ぶ楽しさを味わう。
- 遊具や道具の使い方を知り、安全に遊べるようになる。
- 友達と一緒に食事をすることを楽しむ。
- 遊具の順番を守り友達と楽しく遊ぶ。

- 簡単なきまりや約束を守るようになる。
- 遊んだあとの片づけを友達と一緒に行えるようになる。
- 片づけをした心地よさを感じる。
- 戸外で体を動かして遊ぶことを楽しむ。
- 食事の準備や片づけを自分で行えるようになる。
- 食事をこぼさないで食べられるようになる。
- 排尿、排便、手洗いなどを自分で行えるようになる。
- 自分の身の回りのことを進んで行う。
- 身近な動植物など、自然に関心をもち触れることを楽しむ。
- 新しいことに自分から進んでやろうとする気持ちをもつ。
- 自分の思いを友達に言葉で伝えて遊ぶ。
- いろいろな素材に親しみ、物を作る楽しさを味わう。
- 安定した友達関係の中で、自己を発揮し継続して遊ぶ。
- イメージを豊かに、友達と心を通わせて遊びを楽しむ。
- 困っている友達に気づき、保育者に伝えたり関わったりする。
- 安心感をもって、友達と遊ぶ楽しさを知る。

＜学年の初めの幼児の姿＞

- 登園時に母親から離れられなかったり、途中で思い出して泣いたりすることがある。
- 保育者にスキンシップを求め、手をつないだり抱かれたりすることで安心する。
- 保育者と遊ぶことを好む。
- 初めは一人遊びが中心で、気に入った遊具で遊ぶ。
- 困ったり、助けてほしかったりした時に、保育者に泣いて訴えることがある。
- トイレに行くのを嫌がる。
- 排せつに保育者の手を要し、ときどきもらして失敗したりすることも

ある。
- 入園時、おむつを着用していた。
- 衣服の着脱など自分でしようとする意欲が見られる。
- 弁当の時間を楽しみにして、準備も積極的に行い、嬉しそうに食べる。
- 気分によって食べる量と速度にムラがあり、保育者の援助を必要とする場合がある。
- 弁当の片づけをせず、遊び出すことがある。
- うがいや歯磨きから水遊びに夢中になったりすることもある。
- 自分のロッカーや靴箱などがわかり、使うことができた。
- 遊びにすぐ参加するわけではないが、友達の動きを目で追い興味を示す。
- 「貸して」「入れて」「いいよ」など、言葉を添えてコミュニケーションをとるのが難しくトラブルになりやすかった。
- 思い通りにならないと相手の腕や髪の毛を引っ張ったりして、強引に思いを通そうとした。
- 自分の気に入らないことがあると、泣いたり、相手をたたいたりする。
- いろいろな遊びに興味は示すが、集中時間は短い。
- 危険がわからず、積み木や遊具などを投げたりすることもある。
- 衣服や指をしゃぶったり、感触のよいタオルやぬいぐるみを常にもったりして、気持ちの安定を図っている姿が見られる。
- 園に慣れて遊びが面白くなってくると、保育者が呼んでもなかなか保育室に入ろうとしない。
- 所定の席にいることで安心し、そこから友達の動きには関心を示しじっと見ている。
- 保育者に自分の感じたことや考えたことを喜んで話す。
- 園生活の中の様々なことに興味関心をもって素早く行動する。
- 排せつの時は、必ず保育者の手を引っ張り、一緒に行こうとする。
- 場所を移動する時は自分からは動かず保育者を頼る。

- 遊具、用具など使った物の片づけを自分でしようとする。
- 4月中旬より預かり保育を利用し、午後は疲れて泣きながら午睡することがあった。

（1）健康

①明るく伸び伸びと行動し、充実感を味わう

- 入園当初、親と離れられず泣く。4月下旬には落ち着くが、遊びをずっと興味深く見ていることが続いた。
- 不安と緊張のため、1学期中は保育者と手をつないだり一緒に遊んだりすることが多かった。
- 入園当初は不安や緊張から、友達の様子を見ていることが多かった。本児の気持ちを受け入れて見守ったり、また活動の楽しさを伝えながら誘ったりした。園生活に慣れるにつれ少しずつ遊びに興味を示し、自分から取り組めるようになった。
- 2学期に気の合う友達を見つけ、二人で虫捕りやごっこ遊びをし、仲間といることで安定し落ち着いた。3学期には遊びのリーダー役になっていた。
- 2学期、3学期と進むにつれ、穏やかな性格から友達に慕われるようになり、友達との関わりが増えた。
- 2学期には積極的に伸び伸びと遊びや生活を楽しむ姿が見られるようになった。
- 教育課程に係る教育時間外教育（預かり保育）では、少人数の集団で異年齢の友達と遊び、年間を通して落ち着いてゆったりと過ごした。

②自分の体を十分に動かし、進んで運動しようとする

- 室内で折り紙や絵を描くことを好み、外遊びに誘っても「いいの」「行かないの」と言うことが多かった。夏休み後、母親同士が親しくなったことをきっかけに仲良しの友達ができ、外に出て追いかけっこやブ

ランコで遊ぶようになった。
- 入園当初は、体を動かす遊びはあまり好まず、保育者のそばにいることを好んで、見ていることが多かった。保育者が誘って外で一緒に遊ぶことで楽しさを体感し、2学期には自分から参加するようになった。
- アスレチックのスイングボールに何度も挑戦し自ら乗れるようになって自信をつけ、1学期後半から友達と競い合って楽しんでいた。
- 入園当初は泣いて登園をしぶり、自分からはほとんど遊ぼうとしなかったが、徐々に安定していくと自分からブランコやすべり台で遊ぶようになった。
- 園生活に慣れるにしたがい3学期には、追いかけっこやボールでの遊びにも興味を示し自分から体を動かして遊ぶようになった。

③健康、安全な生活に必要な習慣や態度を身に付け、見通しをもって行動する

- 排せつの習慣は身に付いているが、衣服の着脱は「やって」「できない」が多かった。自分でできるように保育者が手を添えて方法を伝え、励ましながら援助していくと、1学期後半には自らやるようになった。
- 入園当初は自分の思いのままに行動することが多く、思い通りにならないと保育者や友達をたたいたり大声で泣いたりすることがあった。本児の思いを十分に受け止めながらも、集団生活に必要な約束事をその都度話したり、気持ちを満足させる遊びや場を知らせたりした。次第に気持ちが落ち着くと安全に遊べるようになった。
- 一度手を洗い出すといつまでも水で遊び、衣服がぬれても平気であった。十分に満足する時間を設け、遊び込むことで満足した。その後、手洗いのしかたを教えると、「手をきれいにする」ことがわかり、手洗い後いつまでも水で遊ぶことがなくなった。
- 入園当初は、園での食事を朝から楽しみにしていた。
- 食事を友達と一緒に摂ることを喜び、楽しんで食べる。

- 食事中、少し経つと気が散り途中で遊んでしまうこともあった。保育者がそばで一緒に食べ、話をしたり、手助けをしたりするうち、終わりまで食べられるようになった。
- 食事の支度は年間を通して保育者が一緒に手伝うことで、自分なりにできるようになってきた。
- 避難訓練では、消防署の安全教育で学んだことを覚えていて「ダンゴムシのポーズだよね」と言いながら丸くなっていた。
- 消防署の防災安全教育で、煙体験を怖がらず積極的に腹ばいになってトンネルの中をくぐっていた。
- 避難訓練のブザーが鳴ると遊んでいる途中でも近くの保育者の誘導に従い、真剣な表情で安全な場所に待機していた。
- 教育課程に係る教育時間外教育（預かり保育）では、異年齢の友達をまねておやつの支度や後片づけなど自分から進んで行い生活習慣が身に付いていった。

（２）人間関係

①幼稚園生活を楽しみ、自分の力で行動することの充実感を味わう

- 入園前には年中児の兄についてよく園に遊びに来ていたが、本児の入園後は緊張し、表情が硬かった。活動に誘うと「やらない」と言うことが多く、その都度タイミングを見はからって誘う。園生活に慣れた６月頃から積極的に遊び始め、手伝いをしたり、アイデアを出したりしていた。
- 当初は新しい部屋の様子を傍観する日が続く。保育者との遊びで徐々に笑顔が多くなるが、他の子が来ると無表情になる。保育者は、ままごとなどに誘い、他児と関わりをもてるようにしていくと、１学期後半には表情も豊かになった。
- 本児の得意なダンゴムシ集めをきっかけにして気持ちを解放しつつ好きな遊びを十分楽しめるよう保育者が一緒に遊ぶ。

- 6月に入り、クラスで行うゲームに初めて加わり、自己を発揮しだし、2学期には自ら劇に参加するなど大きく成長した。
- 入園当初より所持品の始末を自分でやろうとせず、すぐに保育者に依存する。保育者が手を添えながら方法を伝えていくと、7月には自分から行おうとし、2学期後半には生活全般にわたって自分でできることは進んでするようになった。

②身近な人と親しみ、関わりを深め、工夫したり、協力したりして一緒に活動する楽しさを味わい、愛情や信頼感をもつ

- 入園当初は、一人遊びが多く友達への関心が薄かった。6月に入り、友達の名札を読むことに興味をもち、保育者と一緒に友達に声をかけ少しずつ友達の名前を覚え、一緒に遊ぶようになった。2学期には「何してるの？」と自分から他児に自然に声がかけられるようになった。
- 入園当初、緊張が強く動きが硬い。保育者と親しめるようにスキンシップを多く取ったり、気持ちに寄り添ったりしながら、安心感をもてるようにした。1学期後半より、遊びの中で少しずつ言葉が出せるようになり、9月には休んだ友達に対して「○○ちゃん早く出てくるといいね」と案じる言葉を発し、友達への関心が出てきた。
- 1学期中は、降園準備を終えていすに座るように促しても、自分の興味のおもむくまま保育室を出ようとしていた。2学期には友達に親しみをもち、関わりたい気持ちも強くなり、周囲の状況を見て徐々に座って待つことができるようになった。
- バス通園で乗車の保育者と親しくなって甘えたり、他の保育者や職員と関わり、話したり遊んだりしていた。

③社会生活における望ましい習慣や態度を身に付ける

- 入園当初は、興奮して水遊びで毎日服をぬらしたり、園庭をはだしでかけ回ったりしていた。連休明けより、生活のリズムや園生活の楽し

さを感じはじめ、少しずつ落ち着いて生活できるようになってきた。
- ２学期までは思い通りにならないと怒ったり、泣いたりが多かった。自分の思ったことを相手に伝え、相手の思っていることに気づく経験を重ねることで譲り合い、我慢し合うことが少しずつできるようになった。３学期には衝突も減り、気の合う友達とスムーズに遊べるようになってきている。
- 「お話があるの」と保育者を独占しようとし、それがかなわないと泣いたりすねたりすることがあった。また、好まない活動があると、クラスを出て室外に一人で行ってしまうことが多かった。保育者がスキンシップをし、十分に共感すると落ち着き、３学期には友達と一緒の活動ができるようになった。
- 体を動かして遊ぶことが好きである。夢中になると加減がわからず相手をけったり倒したりすることがあったが、保育者が繰り返し相手の気持ちを伝えることで相手の立場に気づくようになった。
- 何にでも興味を示し、友達や遊びの中に入っていくが、衝動的であり自分中心であった。集会時には、寝転がったりしていすに座れないことが多かった。保育者が一緒に座ったり、片づけなどの援助をしたりしていくと、徐々に集団の中で落ち着いてきた。今後も、本児の特性に合わせ個で関わる支援が必要と思われる。
- 遊びの中で自分の思うように物事が運ばないと泣いたり、言葉で言うよりも先に、相手をたたいたりする行動が多く見られた。その都度保育者は、その子の気持ちに寄り添いながらもたたくことをいさめ、たたかれた相手の気持ちとともに言葉での相手への伝え方を根気よく示してきた。その結果、泣くことはあるが、少しずつ気持ちを調整し手を出すことが少なくなった。

（3）環境

①身近な環境に親しみ、自然と触れ合う中で様々な事象に興味や関心をもつ

- 入園当初は傍観していることが多かったが、保育者がニワトリやモルモットを見せたり、花の水やりなどに誘ったりして気持ちの解放を図ってきた。2学期になると葉っぱをままごとに使ったり、「これ風で回るよ」と紙で動く物を作ったりして、進んで身近な環境を取り入れて遊べるようになった。
- 入園当初は不安で緊張ぎみであったが、ウサギに興味があり、ウサギを触ったり見たりして、気持ちが落ち着いていった。
- 年長児のまねをして庭の草を集めてウサギに食べさせていたが、そのうち自宅から野菜を持ってきて優しく声をかけながら食べさせていた。
- 遊びの中で昆虫を捕まえるたびに保育者に見せに来る。昆虫に大変興味を示すので、飼育箱を用意したり、同じ興味をもつ友達と一緒に「虫捕りごっこ」などに誘ったりしたところ、次第に、友達を誘い虫を探しに行くことを楽しむようになった。
- 雨の日の園庭散歩が気に入り、雨だれが落ちてくる場所を探したり、木の枝を揺らして落ちるしずくを楽しんだりしていた。

②身近な環境に自分から関わり、発見を楽しんだり、考えたりし、それを生活に取り入れようとする

- 虫や動物が苦手で、5月の遠足の折、ウサギに触れず「怖い、怖い」と言っていたが、保育者や母親が一緒だと安心し、興味をもった。その後、園で生まれたモルモットを家で飼い、世話をするようになった。
- 入園当初は泣いて登園したが、その後通園途中に見つけた物を保育者にもってくるようになった。きれいな物、かわいい物に関心があり、草花や小石、貝殻、紙切れなどを集め、大切にし、遊んだり、友達に

あげたりするようになった。
- 保育者と花に水をやったり、ザリガニなどの水換えを見たりするうちに動植物に興味をもち、手伝うようになった。「花きれいだね」「面白いね」と感じたことを言葉で発するようになり、自分から小動物に触れたり、木の葉を集めたりするようになった。
- 家で捕まえた虫や祖母からもらった蚕をクラスにもってきて、自分の知っていることや生活の中で得たことを周囲の子だけでなく、年中児や年長児にも話していた。

③身近な事象を見たり、考えたり、扱ったりする中で、物の性質や数量、文字などに対する感覚を豊かにする

- 1学期は砂場や泥遊びで、手や足に砂や泥がつく感覚を嫌がった。2学期に気の合う友達ができ、誘われて砂遊びをするようになった。初めはシャベルで混ぜているだけであったが、遊びが広がり、水を流したり、砂山をくずしたりして「先生、すごいでしょ」などと報告するようになり、喜んで行うようになった。
- 身近にある物（ひもや木片、小枝）に触れたり、動かしたり、回したり、折ったりなど、すぐに興味をもつ。2学期になると、友達と一緒にひもや小枝など身近にある物を組み合わせたり並べたりして遊びに取り入れ、発展させていた。
- 3学期に保育者や友達と一緒にカルタ遊びを喜んで行うようになった。取ったカルタを嬉しそうにかぞえたり、友達が取ったカルタを見て「多い」「少ない」と比べたりしていた。

（4）言葉

①自分の気持ちを言葉で表現する楽しさを味わう

- できないことやほしい物があった時、言葉で伝えられず、保育者に気づいてもらうのを待つことが多かった。保育者は本児の気持ちを代弁

し、安心して話せる雰囲気を作り、言葉や伝え方を繰り返し知らせた。2学期になると、遊びに「入れて」が言えるようになり、3学期には「面白かったね。またやろうね」と保育者や友達に自分の気持ちが言えるようになった。
- 入園当初の緊張がとれると、友達と手をつなぎ、園内を探検したり、粘土遊びをしたりし、簡単な言葉のやり取りをしていた。また、休み中の出来事などを積極的に保育者に話すようになった。
- 保育者が話しかけると、恥ずかしがって横を向いてしまうことが多かった。本児の気持ちを察しさりげなく関わっていくと、2学期には「〇〇くんね」と自分から嬉しそうに話しかけてくることが多くなった。
- 自分の欲求や要求は言葉で伝えるが、口調が強く怒った表情で話すため、相手が泣いてしまうことも多かった。保育者は、本児の伝えたい気持ちを十分に受け止めながら、相手の気持ちにも気づかせるよう繰り返し仲介した。2学期には友達に自分の気持ちを感情的にならずに話せるようになった。
- 言葉の遅れがあり、話はしないが穏やかな表情でいることが多い。やりたくないことは首を振り表現する。今後も、言葉について配慮を願う。

②人の言葉や話などをよく聞き、自分の経験したことや考えたことを話し、伝え合う喜びを味わう

- 入園当初は不安で泣くことが多かった。姉（年長）やその友達に十分受け入れてもらい、世話をしてもらううちに落ち着いてきた。親しい友達ができ、自分のことをよく話し、保育者にも楽しかったことや経験したことを伝えるようになった。
- 2学期早々、妹が生まれたことをきっかけに気持ちが不安定になり、友達を遊びに「入れない」と言ったり、涙ぐんだりすることが多くなった。1対1の関わりやスキンシップを多く取り、気持ちの安定を図ってきた。3学期には落ち着いて、遊びの中で友達の話にも耳を傾ける

- ようになってきた。
- ままごと遊びの中で、役になりきって友達と言葉をかわし、笑い合ったりして会話を楽しんでいた。
- 話が理解できなかったり、語彙が少なかったりして言葉のつまずきがみられた。そこで保育者は、話しやすい話題を提供したり、物の名前や気持ちを表す言葉などをわかりやすいようにゆっくりと伝えたりしていった。また、保護者と相談し、わかりやすい言葉で対応するようアドバイスした。2学期後半にはテレビなどで覚えた言葉を頻繁に使い語彙が増えていった。今後も配慮を願う。

③日常生活に必要な言葉が分かるようになるとともに、絵本や物語などに親しみ、言葉に対する感覚を豊かにし、先生や友達と心を通わせる

- 絵本を見たり話を聞いたりする時に、集中せず歩き回ったりおしゃべりをしたりすることが多かった。保護者と面談した折に、家ではテレビを見ながら生活していることがわかり、食事中のテレビ視聴をやめてもらった。また、保育者が本児に寄り添って絵本を読む機会を多くした。次第に、紙芝居や絵本を集中して見られるようになった。
- 話したい時に、「うんとね。あのね」を繰り返し、自分の言いたい気持ちが先になり、うまく伝えられないことがあった。保育者は、ゆっくり話を聞いたり、話しやすいきっかけを作ったりしていった。次第に自分の言いたいことが言えるようになり、友達と物語の主人公ごっこなどで、会話を楽しめるようになった。
- 「バカ」など目立つ言葉を発して周りの注目を集めたい気持ちが強かったが、保育者や仲間との遊びが深まり、心の満足を得られるようになると、友達との会話も落ち着いてきた。絵本を見て「おもしろいね」などと自分の感想も素直に伝えるようになった。
- 3学期に入り、絵本の続きを友達と想像し「今度はこうなるよ」など

と互いのイメージを出し合って、自分たちなりの話の展開を楽しんでいた。

（5）表現

①いろいろなものの美しさなどに対する豊かな感性をもつ

- 変身コーナーでドレスを着て「きれいでしょ」と保育者に見せにきたり、友達のリボンを指して「かわいいね」と言ったりする。
- 飼育しているウサギを抱かせてもらうと、ぬくもりを感じて「あったかいね」と言い、背中を優しくなでて「柔らかい」と言う。興味をもったようで、毎日、ケージの前でいろいろな言葉をかけていた。
- 2学期に、葉っぱ集めに出かけると、紅葉の美しさに気づき「赤いのリンゴみたい」と表現し、落ち葉の舞い散る様子を見て「回ってるよ。きれい、きれい」と声を上げて喜んでいた。
- 3学期に入って霜柱集めをしたところ、氷の輝きに興味を示し「きれい」と言いながら、手を泥だらけにして夢中になっていた。

②感じたことや考えたことを自分なりに表現して楽しむ

- 入園当初から、園で飼っているニワトリに餌をやり、興味を示していた。2学期、ニワトリの産んだ卵を見つけて驚き、すぐに保育者に知らせにきた後、画用紙にたくさんのたまごを描いていた。
- 入園当初は、友達の動きを見ていることが多かった。2学期になり、友達ができ、二人で身体を動かし音楽リズムに合わせて自分たちなりに踊りながら、笑い合い、楽しんでいた。
- 絵を描くことを好まず、「お腹が痛い」「つまらないからやりたくない」と言い、自分からはやろうとしなかった。本児の気持ちを受け止めながら、画用紙の色を変えたり、描くきっかけを作ったりしていった。2学期後半には、自由画帳にたくさんのものの絵を描いて喜んで見せにきた。

③生活の中でイメージを豊かにし、様々な表現を楽しむ
- 友達がドレスを着てお姫様ごっこで遊んでいる時、見ていることが多かった。保護者からは家ではスカートをはいて、お姫様ごっこを再現して遊んでいると聞いた。２学期に劇ごっこをすると、初めは見ていたが保育者が誘うと、仲間に入り、徐々に慣れ、いろいろな役を楽しんでいた。
- １学期にはダンスや表現遊びなど、やらずに見ていることがほとんどだったが、２学期には友達との遊びが充実してきて、楽しんで参加するようになった。
- ２学期に入り、保育者が誘うと数名の友達と一緒にお医者さんごっこを行い、ティッシュペーパーで包帯を作ったり、注射のまねをしたりして夢中で遊ぶようになってきた。
- ごっこ遊びでは、自ら遊びを進め、数日にわたって持続して、自分が体験したことを表現していた。
- ３学期にヒーローごっこの中で、今までの経験を生かし自分たちで使う剣やベルトなどを作り出し、友達と一緒にイメージを共有して遊んでいた。

＜具体的な興味や関心＞
- 保育者の話や誘いかけに興味をもって関わる。
- 自然の現象（雲、天気、花、落ち葉等）の変化などに関心を示し、見たり触れたりして親しむ。
- 木片や葉っぱ、紙片などを見て「〜みたい」と言って見立てて遊ぶ。
- ブルブルという音を聞いて「あっ、ヘリコプター！」と言うなど、いろいろな乗り物や生活の音を聞き分け、興味や関心を示す。
- ウサギなどの小動物に興味をもち、葉っぱをやったり、話しかけたりして関心を示す。
- アリやオタマジャクシ、チョウチョウなどの動きを見つめたり、追い

かけたり捕まえたりする。
- 身の回りの小動物、植物、事物などに触れ、それらに興味関心を示し、探索や模倣などをして遊ぶ。
- 身近な事物に関心をもち、触れたり、集めたり、並べたりして遊ぶ。
- 保育者や友達が言った面白い言葉や楽しい言葉に気づき、自分も使ってみる。
- 生活に必要な簡単な言葉を聞き分け、様々な身近なできごとに関心を示し、言葉で表現する。
- 絵を描くことを好み、自由画帳いっぱいに力強いタッチで描く。また描いたものについて、保育者に細かく話をする。
- 好きな曲がかかると、カスタネットや鈴を自分なりにリズムをとって鳴らして楽しむ。
- 活発な遊びを好み、高い所に登ったり、飛び降りたりしようとする。
- 紙などを貼ったり折ったりし、つなぎ合わせて作っていくことを楽しむ。
- 絵本や紙芝居を読んでもらったあとで「○○はかわいそう。△△がいけないんだよ」などと感じたことを言葉や表情で表現する。
- 色の名前がわかり、好きな色を使って描くことを楽しむ。
- 友達（同年齢、異年齢）のしていることに興味をもって見たり、まねをしてみたりする。
- 好きな歌は何度でも歌う。保育者や友達とも一緒に歌い、動物の鳴き声遊びや、替え歌などにも繰り返し興味関心を示す。

＜遊びの傾向＞
- ボールに触ったり、転がしてみたりして感触を楽しむ。
- 花びらやイチョウの葉が風に舞うのを追いかけたり、集めたりして遊ぶ。
- 戸外で走る、登る、すべるなどの動きを喜んで行う。
- 水遊びが好きで、保育室の内外を問わず、水道の水を強く出しては感触を楽しんでいるが、床や衣服がぬれても平気である。

- 好きな遊びが次々と変わる。
- 全身を使う運動を取り入れた遊び（走る、跳ぶ、登る、押す、引っ張る、ぶら下がる、すべる等）や、手や指を使う遊び（丸める、伸ばす、ちぎる等）を楽しむ。
- 保育者や友達と一緒に、共同の遊具などを使って遊ぶ。
- 友達とお家ごっこなど、様々なごっこ遊びをしたり、歌を一緒に歌ったりする。
- 花を摘んだり、葉っぱを取ったり、石ころを集めたりして、保育者や母親へのプレゼントにする。
- 鬼ごっこが好きで、保育者を誘い、一緒に走ることを楽しむが、捕まると泣く。
- 砂遊びを好み、ペタペタとたたいたりこねたりして砂の感触を楽しんで遊ぶ。
- 落ち葉やドングリなど、季節感のあるものに触れたり、それを集めて遊んだりする。
- いろいろな素材との初めての出合いに、戸惑いや抵抗感をもつ。また、砂場やのり、フィンガーペインティング等で手の汚れを気にする。
- 保育者と簡単なごっこ遊びをするなかで、言葉のやりとりを楽しむ。
- 遊びに必要な物がほしい時、保育者に要求を伝える。
- 遊びに入る時に必要な言葉を相手に言ったり、答えたりすることを楽しむ（「仲間に入れて」「いいよ」「ダメ」等）。
- フラフープや縄を自動車や電車に見立て「ブッブー」「シュッ、シュッ」「ガタン、ゴトン」などと言いながら、ごっこ遊びをする。
- 好きな曲の好きなところを口ずさんだり、リズミカルな曲に合わせて体を揺すったり、跳んだり、かけ回ったりする。
- クレヨンや絵の具、マジックなどで好きな絵を描く。
- フィンガーペインティングやぬたくりなどを思いきり楽しむ。
- 折り紙などをはさみで切って、偶然にできた形を見て、家、花、コップ、

ウサギと言って、保育者や友達に見せて楽しんでいる。
- お母さんごっこ、赤ちゃんごっこなど、身近な人のまねをして遊ぶ。
- 動物を見た時など、動物になったつもりで、跳んだり、はねたり、踊ったりして表現する。
- 絵本や童話などに親しみ、興味をもったことを保育者と一緒に言ったり、歌ったり、様々に表現して遊ぶ。
- いろいろな体験をしたあと、友達とごっこ遊びを通して言葉の再現（「ちょっと待っててね」「出かけてきますね」等）をして遊んでいる。
- 水遊びが好きで感触を楽しみ、没頭する。衣服がぬれても平気でいる。
- 砂遊びが好きで山を作ったりカップに入れたりして感触を楽しんでいる。
- ウサギやモルモットなどに餌をやったりして小動物に興味をもち、気持ちが安定していった。
- 絵本や紙芝居が好きで、読んでもらうことを喜ぶ。
- ままごとが好きで「お茶どうぞ」「ジュースです」など、役になりきって遊ぶ。

＜生活への取り組み方＞
- 遊んだ後の片づけをするようになる。
- 自分の物とみんなで使う物との区別ができるようになり、少しずつ譲り合って、友達と一緒に使うことができる。
- 保育者の手助けを受けながら、衣服の着脱を自分でできるようになる。
- 「順番」など、生活の中の簡単なきまりや約束を守ろうとする。
- 排尿、排便は失敗することもあるが、一人でトイレに行き、一人でするようになる。
- 自分の気に入らないことがあると、泣いたり、ぶったり、かんだりする。
- かばんや帽子など、自分の持ち物を決められた場所に置いたり、衣服の着脱など、自分の身の回りのことを自分でしようとしたりする。

- 朝の身支度や降園時など、園生活の流れがわかり、それに合った動きができるが、少し変化があると対応できず、混乱することがある。
- 危険な場所や遊びに気づくようになる。
- 危険に気づかず、砂や積み木や遊具を投げてしまう。
- 順番という意味がわからず、自分の番になるまで待てない。
- 保育者や身近な友達の名前を知り、生活の中で使える。
- 保育者にスキンシップを求め、手をつないだり抱っこしたりしてもらいたがる。
- 友達が困っている時、話を聞いてあげ、保育者に伝える。
- 保育者に対して、自分の感じたこと、考えたことなどを伝え、同意や共感を求める。
- 保育者の指示はだいたい理解でき、行動に移すこともできる。
- みんなで話を聞く時に、すぐに保育者の話に反応し、自分のことを話し出す。
- 園生活を楽しみにしているため、少々の熱でも登園して来るが、体調をくずして早退することがある。
- 徐々に集団行動がとれるようになる。
- 遊びながら弁当を食べることがある。
- 嫌いな食べ物があると、食べずにいつまでもそのままにして片づけない。
- 保育者に促されると、頑張って食べようとする。

4歳児　用語例

◆学年の重点

- 人や物と関わりながら、安定した園生活を送る。
- 思っていることや感じたことを素直に言葉や態度で表現する。
- 遊びを通して自己を発揮し、友達と関わりながら相手の気持ちに気づく。
- 友達の気持ちに共感し、相手を受け入れようとする。
- 自分の思いやイメージを言葉で伝え合い、友達と一緒に遊びや生活を進める。
- 役割を考えたり分担したりして、意欲的に活動に取り組み、みんなで作り上げる喜びを味わう。
- 遊びを通して身近な自然に興味や関心をもち、関わる。
- 自分の思っていることを伝えたり、相手の思いを聞いたりして、互いに伝え合うことを喜ぶ。
- クラスの中で一人ひとりが自己を発揮し、伸び伸びと活動する。
- 友達同士の遊びの中で、互いの行動や思いに気づく。
- 身の回りの環境に働きかけて、楽しい遊び環境を作り出そうとする。
- 園生活の楽しさや友達のいる喜びを知る。
- 友達同士の触れ合いを楽しみながら、いろいろな活動に興味をもち、意欲的に遊んだり、取り組んだりする。
- 友達と一緒に考えたり工夫したりしながら、遊びを楽しむ。
- 遊びや生活に必要な習慣や態度を身に付けながら生活する。
- 互いが気持ちを出し合い、認め合いながら遊びや生活を楽しむ。
- 人の話を聞き合い、理解し、互いのよさを認められるようになる。
- 相手の気持ちを考えて思いやりをもって接する。
- 身の回りの自然環境を大切にしようとする。

◆個人の重点

- 自分の気持ちや感じたことを素直に伝え合えるようになる。
- 衝突を恐れたり、気にしたりしないで、自分の意見が言えるようになる。
- 基本的な生活習慣を身に付け、自分から進んで行うようになる。
- 安全な動きを自分なりに考えて行動するようになる。
- 保育者や友達の発言の内容を理解して行動する。
- 友達との関わりの中で、譲り合ったり一緒に行ったりする態度を身に付ける。
- 歌ったり、演奏したりすることを通して、表現する楽しさを味わう。
- 園生活を送るうえできまりを守り、行動できるようになる。
- 相手の立場に立って考えたり、友達の気持ちを理解しようとしたりする。
- 自然に触れながら、季節の変化に気づいたり、植物の成長に関心をもったりする。
- 交通安全や避難訓練などで、安全に生活するためのルールに気づく。
- 気の合う友達を見つけ、一緒に遊ぶようになる。
- 自分から進んで遊びに参加し、遊びの楽しさを味わう。
- 様々な素材を利用したり工夫したりして、遊ぶ物を作ったり見立てたりして遊ぶ。
- 友達と一緒に遊びながら、十分体を動かし、しなやかな動きを身に付ける。
- 劇遊びやごっこ遊びなどで、イメージを自分なりにもつことができるようになる。
- 保育者や友達と楽しく食事をする。
- 保育者や友達に信頼感をもち、関わりを深める。
- みんなと一緒に体を動かす楽しさを味わう。
- 思ったことや考えたことを言葉や態度で伝え合えるようになる。

- 自分の気持ちを素直に伝えられる。
- 相手の気持ちがわかり、受け入れたり理解したりできるようになる。
- 身近な自然と触れ合い、興味や関心をもって関わる。
- 友達と一緒に絵本や紙芝居を、興味をもって見る。
- 友達と一緒に歌ったり、楽器を弾いたりして楽しむ。
- 友達と一緒に体を動かす遊びを好んで行う。
- 食べ物の好き嫌いが少なくなり、食事を楽しめるようになる。
- 相手の気持ちになって、遊びを一緒に楽しむ。
- 動植物に関心をもって、大切に育てようとする。
- 園生活の流れがわかり、みんなと一緒に生活できるようになる。
- 教育課程に係る教育時間外に異年齢の友達との関わりを楽しむ。
- 教育課程に係る教育時間外で、安定した気持ちでゆったり過ごす。

＜学年の初めの幼児の姿＞

- 登園時に保護者から離れられずに泣くことがあった。
- 入園当初、不安から保育者のそばを離れられず、泣いて過ごしていた。
- 期待をもって、喜んで登園し、遊び始める姿があった。
- 友達との物の取り合いが原因で、登園を渋ることがあった。
- 同じ場所で、同じ遊びを楽しむことで、安心して過ごす姿が見られた。
- 友達よりも保育者と話すことを好み、そばにいて離れたがらない姿が見られた。
- 保育者と一緒だと安定し、遊具で遊んだりする。
- 保育者に甘える気持ちが強く、他の子が近づくと保育者を別の方に連れていくなど、独占したがった。
- 未経験の活動に取り組む時は、消極的になってしまうことがある。
- 園のいろいろな場所がわかり、必要に応じて一人で行くことができる。
- おもちゃや遊具で遊んだあと、保育者と一緒に片づけをする。
- 砂場で穴を掘ったり、山を作ったりするが、友達との関わりは少なく、一人黙々と遊んでいる。
- 保育室に小動物がいることに興味をもち、小動物との接触が気持ちの上で拠りどころになっている。
- 保育者が小動物に餌をやったり、小屋を掃除したりしているのを見て、自分も家から餌を持ってきたり、手伝おうとしたりする。
- 遊具や用具の使い方で、友達と取り合いをし、けんかになる。
- 少人数では遊べるが、人数が増えると遊べなくなる。
- けんかになると、たたいたりかんだり、手足が先に出てしまうことがある。
- 友達が泣いていたり、危険なことをしていたりすると保育者に伝える。
- 数人の友達同士では元気にしゃべっているが、クラスの大勢の前では思っていることが言えず、小声になったりする。
- 自分の体験したことや感じたことを保育者に伝えることができる。

- 不安な気持ちや緊張感を表に出さないよう我慢しようとする姿がある。
- 保育者がみんなに話している時に話が聞けず、違った行動を取ることがある。
- テレビや映画のヒーロー（ヒロイン）になったつもりで、身体表現を楽しんだりする。
- 活発に遊ぶが、高所から飛び降りるなど、危険な行動が見られる。
- 登園してくると、前日と同じパターンの遊びに没頭し、そのなかに安定感を見い出し、安心して遊んでいる。
- 自分のしたことを保育者に伝えようとする姿が見られる。
- 動物などの扱いがわからず、無理やり触ったり動かそうとしたりする。
- 好きな遊びを一人で楽しむ。
- 自分で所持品の始末ができず戸惑いを見せる。
- みんなと一緒に生活する場が理解できない様子が見られる。
- 好奇心旺盛で興味があるものに没頭するあまり、集まりに参加できない時がある。
- 進級当初、保育者の指示と反対の行動を取ったりすねたりした。
- 進級当初、小さい組の子やできない子の世話を進んでしていた。
- 新しいクラスや担任に慣れず、教育課程に係る教育時間外で仲のよい友達と遊ぶことで安定している。

（1）健康

①明るく伸び伸びと行動し、充実感を味わう

- 進級当初は、近所で仲良しの年長児と遊んでいた。夏休み明けには、クラスに気の合う友達ができ、ヒーローごっこでイメージを共有して楽しむようになった。
- 入園当初、些細なことを気にしていつまでも泣くことがあった。2学期には、トラブルになった際も自分の思いを伝えて泣かずに対応する

- ようになり、遊びの幅が広がった。
- 進級当初、集団になじめず保育者といることで安心していた。保育者が仲立ちして友達との遊びのきっかけを作っていった。9月後半から、自分らしさを友達の前でも見せて楽しいことを言ったり笑わせたりするようになった。
- 新しい経験に出合うと「できない」と保育者に依存することが多かった。気持ちを受け止めてひとつひとつ一緒にすることで、2学期後半には製作や集団ゲームなど自分から取り組み、伸び伸びと楽しむようになった。
- 進級当初、はりきって登園し、友達と砂場で伸び伸びと遊んでいたが、調子に乗ると、ふざけて羽目を外すことがあった。保育者は本児のもつ面白さを捉えていたが、気持ちのコントロールができるように援助していった。3月には自分の気持ちを安定させ、自信をもって行動していた。

②自分の体を十分に動かし、進んで運動しようとする

- 室内で遊ぶことが多く、製作をして楽しんでいた。6月頃より、友達に誘われて外遊びをするようになり、次第に体を動かして固定遊具に挑戦したり、鬼ごっこをして遊んだりするようになった。
- 1学期は鉄棒などに誘っても「できない」と、積極的には参加しなかった。2学期後半から友達の励ましを受け、友達のまねをしながら取り組むうちにできるようになり、自信につながった。さらに縄跳びや自転車など様々な運動に挑戦していった。
- 2学期初めは、ドッジボールでボールが目の前にくると逃げていたが、友達との遊びが活発になると積極的にボールに触るようになった。3学期はサッカーやドッジボールで中心になって遊びを進めていった。
- 入園当初から運動能力も高く、周りから一目置かれていた。遊びを面白くするアイデアを出して盛り上げていく姿も見られた。遊びの中で

他児に対して強要することがあったので、保育者は相手の思いを伝えていった。次年度も引き続きの援助を望む。

> ③健康、安全な生活に必要な習慣や態度を身に付け、見通しをもって行動する

- 動きが活発で遊びに発展性があるが、衝動的な行動が多く危険な様子が見られた。力の加減をその都度知らせたところ徐々に落ち着き、3学期には目的をもって安定して遊びを楽しむようになった。
- 入園当初、じっと見ていることが多く衣服の着脱や片づけなど手助けを待つ状態が続いた。手を添えてやり方を知らせ、頑張りやできたことをほめたところ、自分から取り組んでできるようになり意欲につながった。
- 進級当初は少しのけがでも気にして大泣きしていた。消毒や薬のこと、体には傷を治す力があることなどその都度知らせていくうちに、泣かずに我慢できるようになった。
- 一人で伸び伸び遊ぶことが楽しく、クラスの遊びなどを嫌がり、行動の切り替えに時間がかかっていた。楽しい気持ちを受容し、集団行動のマナーや大切さをその都度知らせた。3学期には生活の見通しをもち、自分から次の行動へ取り組めるようになった。
- 夏野菜の栽培を通して野菜に興味をもち、水やりをしたり成長を観察したりしていた。収穫した野菜を使ってクッキングをして食べたことがきっかけで食欲が増した。
- 運動会に向けて走ったり跳んだりして楽しむ中で、牛乳を飲むことや魚を食べると骨が強くなることを知り、意欲的に食べるようになった。
- 避難訓練を通して、地震の時は机の下に隠れることや放送をよく聞くことなどが身に付いて、すみやかに行動できるようになった。
- ニュースの中で、災害の話題が上がると「高いところに逃げるんだよね」「火は危ないからダメだよ」など友達と話しながら確認していた。

（2）人間関係

①幼稚園生活を楽しみ、自分の力で行動することの充実感を味わう

- 入園当初、母子分離で泣いて登園を嫌がった。保育者は本児の興味のある遊びや話題について話し、1対1で信頼関係を築いていった。2学期に入ると鬼ごっこやヒーローごっこに関心を示し、友達4～5人でイメージを共有して遊びを進めていた。
- 進級当初、遊びを見ているだけで誘われても拒んで遊びに入るタイミングを逃していた。6月頃には自ら友達の輪に加わり、張り切って登園するようになった。10月には遊びを提案してリードするようになった。
- 進級当初は自己主張が強く、相手に手が出ることがあった。保育者は相手の気持ちを伝え、問題解決後はともに遊びながら援助していった。2学期後半には、友達の意見を聞いたり時には我慢したりして遊びを展開していった。
- クラスでは、保育者や友達の意見で遊ぶことが多かった。教育課程に係る教育時間外では、小さいクラスの友達の面倒を見たり、一緒に遊んだりして積極的な姿が見られた。その姿を認め、クラスでも手伝いを頼んだりリーダーを任せたりしたことで自信につながった。
- 6月に年長組がお店に行き、たくさん買い物をしたことに刺激を受け、2学期後半、クラスの友達から「お店屋さんしよう」という意見が出て、自分たちでお店を出して売り手をするようになった。その中で、役割を分担したり意見を出し合ったりして楽しんでいた。

> ②身近な人と親しみ、関わりを深め、工夫したり、協力したりして一緒に活動する楽しさを味わい、愛情や信頼感をもつ

- 入園当初、緊張のあまり傍観していることが多かった。外で作業をしている用務のおじさんに、虫のいる所を教えてもらったり、作業を手伝ったりして親しみをもつようになった。その後安定し、クラスの友達とも遊ぶようになった。
- 進級後は年少時の友達との結びつきが強かった。クラスで仲間集めのゲームを取り入れたり、得意な折り紙を教えてもらったりしてきっかけを作ってきたところ、2学期には、クラスの友達と関われるようになり、友達の幅が広がった。
- 一人でいるか保育者と一緒に過ごすことで安心していた。虫捕りを通じて気の合う友達ができ、剣作りや戦いごっこを楽しむようになった。2学期後半には意見を出しながら遊びをリードしていった。
- ゲームやダンスなど大勢での動きや集団行動になると、引いてしまい傍観していた。生活グループを作ったことで、居場所が明確になりグループの中で安心して活動に参加できるようになり友達が増えていった。
- クラスの活動では、「しない」と言ったり保育者の様子をうかがって注意を引いたりしていた。一方、教育課程に係る教育時間外の保育者には甘えたり、小さい子に物を譲ったりして本来の自分を出しながら安定して遊んでいた。

> ③社会生活における望ましい習慣や態度を身に付ける

- 入園当初、物を独占したり集団ゲームができなかったり、順番が守れず友達に注意されるとパニックを起こしていた。その都度、保育者が受容しながらどうするとよかったか具体的に知らせていった。2学期後半には周りが見えるようになり、約束やルールが守れるようになった。
- 1、2学期を通して集中時間が短く、興味が移りがちだった。自分の

興味で行動することが多く、集団活動に入れないでいた。保育者と一緒に活動したり、時には仕切りを作ったりして落ち着ける場所を用意してきた。3学期には落ち着きが見られ、クラスの活動にも意欲が出て楽しめるようになった。

- 保育者の指示と反対のことをしたりみんなと外れたことをしたりして、注意を引こうとする姿が見られた。保育者は本児に寄り添いつつ、本児のアイデアや意見を取り入れてきた。2学期後半には、クラス活動の楽しさを味わい、クラスの中で調整役になるほど協調性が身に付いてきた。
- かけっこやゲームなど勝敗がわかるものは、勝敗を気にしてしないことがあった。縄跳びでは、最初はできないと拒んでいたが、保育者が一緒に跳んだりそばで見守ったりしていく中で跳ぶことができるようになり、達成感を味わった。その後は、自信につながり他の活動にも積極的に取り組むようになった。
- 気持ちが優しく製作でできない友達がいると、よく手伝っていた。10月頃には、「○○ちゃんならできるから、まねしてごらん」と励ましながら教えるようになった。

（3）環境

①身近な環境に親しみ、自然と触れ合う中で様々な事象に興味や関心をもつ

- 入園当初、一人で遊ぶことが多かったが、オタマジャクシやザリガニなどの飼育物に興味をもって観察したり餌をあげたりしていた。秋になると、バッタやコオロギなどに興味をもち、友達と園庭に出て虫捕りを夢中になって行うようになった。
- 虫が好きで、園庭に出ては虫を探して遊んでいた。クラスの活動にも遅れがちだったので本児の満足感を得られるように時間を取りつつ、生活のけじめを知らせていった。その後、虫の生態や飼育に関心が移

り図鑑で調べたり友達と情報を交換し合ったりして楽しんでいた。
- 園庭の花や葉をごちそう作りに取り入れたり、集めたりして遊ぶことを好んでいた。秋になる頃には、紅葉や落葉などで季節の移り変わりに気づくようになった。
- 空の色を眺め、天気の変化に気づき話題にして保育者や友達と共感していた。冬になると、雪遊びの中で雪が降る訳や氷のでき方などに関心を示していた。
- クラスで小動物を飼育した時に、小動物の死を体験した。どうして死んでしまったか友達と話し合い、世話をすることの大切さに気づいていった。また、命は戻らないことも確認した結果、むやみに触らないことを学んだ。

②身近な環境に自分から関わり、発見を楽しんだり、考えたりし、それを生活に取り入れようとする

- ハーブを採ったり色水になる花を探したり園庭の草花への興味が高かった。アサガオでの色水作りで遊び込み、色の濃さの違いや混色に気づき友達に教えていた。その後、絵の具遊びの中で色の美しさを感じて混色したり、色を考えて描いたりしていた。
- 地域でするお祭りを体験し楽しかったことを友達と話し合い、遊びの中でお祭りをごっこ遊びで再現していった。友達とイメージを伝え合い、出店やおみこしを作り、楽しんで遊んでいた。
- 砂遊びを好み、全身で感触を楽しみながら遊んでいた。その後、泥のコーヒー作りでドロドロ、トロトロを何度も繰り返して作ったり、草花や小枝、石をうまく使ってごちそうを作ったりして遊びを展開していった。
- カブトムシやクワガタを飼育した際、嬉しくてやや乱暴に扱う姿が見られた。命はひとつしかないこと、優しくすることなど接し方についてその都度話し合っていった。2学期には年少組が飼育物を触ったり、

投げたりした時に「〜だからだめだよ」と理由を伝えて注意するようになった。
- 冬になると氷のでき方に「どうしてこっちは固まって、こっちは固まらないか？」とか「どうして今日は凍らないの？」など疑問をもった。クラスで氷作りをしてみんなでどうしてなのかを実験することで工夫したり考えたりする力がついてきた。

③身近な事象を見たり、考えたり、扱ったりする中で、物の性質や数量、文字などに対する感覚を豊かにする

- 入園当初は、砂遊びの中で洋服の汚れも気にせずに遊んでいた。その後、スコップやバケツをうまく使って、バランスよく水を運べるようになり調節しながら遊べるようになった。
- 秋になると、木の実や落ち葉をたくさん集めて満足していた。自分たちで箱の中に種類ごとに分別したり、何個取れたかかぞえたりして友達と比較していた。
- 当番の仕事の中で、自分のグループの人数をかぞえたり、手紙を配ったりしながら数をかぞえていた。また、発表会では、出る順番をかぞえたりしていた。
- カレンダーの日にちや曜日に興味をもって、今日の日付を確認するようになった。3学期は、保育者がスケジュールを事前に知らせたり、時間の見方を伝えたりしていったことで自分で確認しながら、見通しをもって過ごしていた。
- 3学期になり、カルタ遊びを楽しみ、経験するうちに文字に興味をもち、保育者に助けてもらいながら読んだり書いたりしようとしていた。

(4) 言葉

①自分の気持ちを言葉で表現する楽しさを味わう

- 入園当初、自分の思いを伝えることに苦手意識があるようだった。保育者はその都度気持ちを代弁したり相手の思いを伝えたりした。2学期に入ると、考えや思いを言葉にするようになり相手の気持ちを理解できるようになった。
- 言葉が出にくく、幼児音のため思いが友達に伝わりにくくコミュニケーションがうまく取れなかった。保育者が言葉をかけて仲介し、関わりをつないでいった。2学期後半には、自分からゆっくりと言葉をつなげて話すようになり友達との関わりがスムーズになったが、今後も言葉への配慮を願う。
- しっかりしている反面、集団の中では萎縮する場面が見られた。12月の生活発表会の際、「はじめの言葉」の係になったことがきっかけでみんなの前で話すことへの自信につながった。その後、少しずつクラスの活動で意見が言えるようになった。
- 10月頃、クラスでしりとりや頭字集めを行うとたくさんの言葉を出して遊びをリードしていった。その後、早口言葉や逆さ言葉などで遊ぶと、関心を高めて何度も繰り返し唱えたり、絵本のフレーズを唱和したりして楽しんでいた。

②人の言葉や話などをよく聞き、自分の経験したことや考えたことを話し、伝え合う喜びを味わう

- 入園当初、恥ずかしがりうなずく程度であまり話そうとしなかった。保育者が本児の話をつないだり補ったりして会話すると、徐々に話すことに抵抗がなくなり、保育者や友達に話しかけるようになった。
- 新しいクラスに慣れるまでに時間がかかり、みんなの前で話す時に口ごもっていた。6月に入り、気の合う友達ができるとふざけ合ったり、遊びの中で大きな声を出したりして自己発揮していった。3学期は、グループ活動の際みんなの意見を聞きながらリードするほどになっ

た。
- 困ったことや都合が悪い時に黙ってしまうことが多かった。保育者は本児の内面を汲み取って、理解を示すことで信頼関係を深めていった。２学期後半には、けんかの原因や自分の気持ちを言葉で伝えるようになった。
- ２学期に入り、生活の中での出来事や遊んだことを友達の前で話す機会を設けた。初めは、保育者を頼って促されていたが、冬休みの話を友達に共感されて喜んだ。その後、堂々と話すようになった。
- グループでの話し合いの際、自分の思い通りにしようと強く言う傾向があった。その都度保育者が一緒に友達の意見を聞いたり、友達の意見に合わせたり、我慢したりする機会を増やしていった。回数を重ねたことで３学期には保育者がいなくても、友達と相談ができるようになった。

③日常生活に必要な言葉が分かるようになるとともに、絵本や物語などに親しみ、言葉に対する感覚を豊かにし、先生や友達と心を通わせる

- 進級当初は緊張して、朝の挨拶で照れたり「ごめんね」と素直に言えなかったりした。友達との遊びが充実してくると表情が柔らかくなり、自然と挨拶や「いいよ」「ごめんね」「～しよう」など友達との遊びの中で必要な言葉を伝えられるようになった。
- １学期は、保育者の話に集中できず内容を理解していないようだった。個別に伝えたり、座る場所を配慮したりして援助した。２学期には言葉の数が増えて、話を聞く習慣が身に付いてきた。紙芝居や絵本を喜び、毎日楽しみにして聞くようになった。
- クラスで気に入った絵本を何回も読んでいるうちに、その世界をごっこ遊びにして表現していった。３学期には、自分で続きの話を考え、友達に読み聞かせしたりしておもしろさを共有していた。

- 話は興味をもって聞いているが、自分の話はあまりしなかった。保育者が手紙を書いたところ、返事を書くことを喜び、手紙の交換をした。友達とも交換するようになり、その後、会話も増えて5～6人でイメージを共有して遊びを楽しめるようになった。
- 絵本の繰り返しのせりふや韻を踏む文章を喜び、何度も読んで親しんでいた。その後は、自分で面白い言葉を作り、友達と共感して楽しんでいた。

（5）表現

①いろいろなものの美しさなどに対する豊かな感性をもつ

- 雨上がりの園庭に出た時「先生、ちょっと見に来て」と言う。本児のところに行ってみると、クモの巣に水滴が付いて光っていた。「キラキラしてきれいだね」と嬉しそうに見つめていた。
- 登園後、「私、いいもの見ちゃった」と言う。聞くと「富士山が見えたんだよ」「雪でものすごくきれいだった」と言い、友達みんなに弾んだ気持ちで伝えていた。
- 入園当初、周りの大きな音やクラスの騒音を嫌がり、耳をふさいでいた。徐々に集団生活に慣れてクラスの友達と歌ったり、楽器の演奏を楽しんだりできるようになった。3学期には、音探しに興味をもち、いろいろな音を鳴らして比べていた。
- 教育課程に係る教育時間外の時間、近くの稲の様子を見たりリンゴの木の変化を見たりした。その後、稲の穂先が揺れていたことやリンゴの実の色の変化を保育者に話し、それを楽しそうに絵に描いたりしていた。

②感じたことや考えたことを自分なりに表現して楽しむ

- 年中組に進級すると、今まで楽しんでいたダンスやゲームなどを「しない」「見てる」と言う。自己主張として受容しながら、様子を見てい

た。2学期に入ると変化が見られ、表現遊びを工夫したり、劇遊びの際に動きや劇に必要な物のアイデアを出したりして楽しむようになった。
- 入園当初は、集中力が短く興味が移りやすかった。本児の意欲が出た時に具体的にできたことや頑張りを認めていった。3学期には、お話作りや身体表現などイメージ豊かに楽しむようになった。
- 手先を使う活動には苦手意識があった。手を添えて援助し、自分でできたという満足感につなげて様子を見守った。保護者にも家庭でも手を使った手伝いや遊びができるよう伝えていった。2学期後半には、製作など工夫して作ったり、折り紙やあやとりをしたりするようになった。
- 絵を描くことを好み、自由画帳にたくさん描いて見せていた。カブトムシを描いた際に大いにほめたところ自信につながった。その後、絵だけでなく製作や粘土など他の素材を使っての表現へと広がっていった。
- みんなで歌ったり、踊ったりすることに対して恥ずかしがり見ていることが多かった。運動会のダンスをみんなでしたことで楽しさを味わい、その後は年長組が踊ったダンスに挑戦していた。12月の発表会では、自分たちで小道具を作ったりＣＤを準備したりして自ら踊って楽しむようになった。

③生活の中でイメージを豊かにし、様々な表現を楽しむ
- 進級当初、緊張感が強く表情が硬かった。テレビのヒーローのお面に興味をもち気の合う友達とごっこ遊びをするうち、表情も柔らかくなった。3学期にはヒーローごっこから劇遊びに発展させ、演じるだけでなく客席やチケットなどを作り、雰囲気を盛り上げて遊び込んでいった。
- 保育者への依存が強く、保育者を媒介として、徐々に友達と関わるよ

うになった。2学期に入ると、友達とイメージを共有し、お家ごっこやお店屋さんごっこで積極的に楽しんで遊ぶようになった。
- 雨の音や風、気温など感じたことを保育者や友達に伝えて喜んでいた。その様子から、それを身体表現の活動にしたところ、面白がって全身での表現を伸び伸びと楽しみ、クラスの友達と集団でダンスや劇ごっこをして共感していた。
- 年間を通して親しんだ絵本があり、せりふや歌を覚え、友達と一緒に歌って楽しんでいた。また、砂場遊びで友達と絵本の世界を再現したり、ごっこ遊びをしたりして楽しんでいた。
- 積み木の重ね方を伝えると、それをヒントに自分で工夫して積み上げるようになった。その後、友達と協力して大きなドミノ倒しをしたりお城を作ったりして協同作業をして遊ぶようになった。

＜具体的な興味や関心＞
- したこと、見たこと、聞いたこと、感じたことなどを保育者や友達に話す。
- 絵本や紙芝居などを喜んで見たり、聞いたりする。
- 生活の中に、いろいろな言葉があることを知り、自分で使ってみる。
- 友達の作品にもある程度関心をもち、「きれい」「いいね」「変だね」などと言ったりする。
- 保育者や友達の話を聞いたり自分の知っていることを伝えたり、話のやりとりをしたり自分から仲間に入ったりなど、人と関わろうとする。
- 絵本や物語など、好きな物を選び、進んで見たり聞いたりし、思ったことや考えたことを話す。
- ザラザラ、スベスベ、フワフワなど、手ざわりの違いを言葉で表現する。
- 草花、木の実、貝殻、石などを集めることに関心を示す。
- 身近な虫を探したり、集めたりして遊ぶことに興味や関心が強い。
- 植物の変化や昆虫の動きを見て、「どうしてかな？」「～するからじゃ

ないかな？」と想像したり、友達や保育者と話し合ったり、図鑑で調べたりする。
- 身近な動植物の飼育や栽培を好み、よく観察し、世話をしたり、手伝ったりする。
- 園外保育を喜び、自然の事象に関心を寄せ、感じたことや気が付いたことをよく話す。
- 担任以外の保育者や異年齢の子どもの存在がわかり、声をかけたり遊んだりして関わる。
- 園のいろいろな行事や季節の遊びに関心をもち、喜んで参加する。
- よく知っている歌を喜んで歌ったり、歌に合わせて体を動かしたりする。
- 身近に働いている人々に興味や関心をもち、その仕事を知ろうとし、また、感謝することができる。
- 友達の経験や感動に「ぼくも」「わたしも」と共感し合える。
- 重い、軽い、固い、柔らかいなど、物の性質が違うことに気づき関心をもつ。
- 数や量の大小の比べ方がわかり、遊びの中で使うことができる。
- 形や色などを分けたり並べたりすることに夢中になる。
- 飼育動物が死ぬと、「かわいそう」「お墓を作ってあげよう」と言う。
- 凧揚げやイモ掘りなど、季節の遊びや行事に対する関心が強い。
- 自分の体のしくみに関心をもち、食べ物の大切さに気づく。
- 身近にある植物を通して、その美しさやにおいなど、友達と共感する喜びを味わう。
- 動植物に親しみ、適切な関わりが身に付いてきた。
- 自然の事象に気づき、影踏み遊びを楽しんだり風の動きを感じたりして遊ぶ。
- 植物の成長の変化を観察し、絵を描いて表現する。
- 絵本や紙芝居を好み、自分で選んで読んでもらおうとする。

＜遊びの傾向＞

- 年長児の遊びを見て、刺激を受け、まねして遊ぶ。
- 身近にある遊具や用具に興味関心をもって、安全に遊ぶ。
- 教育課程に係る教育時間外で年下の友達の世話をしながら遊ぶ。
- 伝承遊び「かごめかごめ」「ダルマさん」「あぶくたった」「花いちもんめ」など、友達が増えても一緒に遊べる。
- 折り紙や画用紙を利用して、ペープサートやペンダントを作ったり、それらの物を使って工夫して遊んだりする姿が見られる。
- 友達と同じ物（紙を丸めた剣や手裏剣など）を作り、それをそれぞれが持ってごっこ遊びをする。
- 歌ったりリズム表現をしたりすることが好きで、伸び伸びと楽しんで行っている。
- 遊びや係・当番活動などを自ら進んで行う。
- 友達と役割分担しながら、劇遊びやお店屋さんごっこ、ゲームなどの遊びを進んで行う。
- 童話や絵本など、知っているお話の登場人物になったつもりで、せりふを言ったり、人形を動かしたりして友達とイメージを共有して遊ぶ。
- ブロックや空き箱、いす、積み木などを使って、友達と何かを作ったり、作った物を見立てたりして遊びを楽しむ。
- 聞き慣れた曲に合わせて、スキップをしたり、両足跳びをしたりして楽しんでいる。
- 簡単な模倣遊びをして、友達と仲よく遊ぶ。
- 形や色などで意図的に分けたり、並べたりすることを楽しみ、分類したことを利用して遊びを工夫している。
- 粘土をつなげて、長いヘビを作るなど、友達とイメージを共有しながら、作ったりする。
- 遊びの中で、嬉しかったり楽しかったりすると、簡単な言葉に節をつけて歌う。

- 鬼ごっこ、○○マンごっこなどで、走ったり、跳んだりする動きを好んで行う。
- ピアノの後ろや人形劇の舞台の後ろなどで、ごっこ遊びを行う。
- 身近な生活経験を、ごっこ遊びに取り入れて楽しんで遊ぶ。
- レストランのメニューを作ったり、粘土をこねて料理を作ったりする遊びを楽しんでいる。
- 年長児のしている活動を見て、憧れを抱き「やってみたい」と仲間に入ろうとする。
- 自分が作った製作物を相手に見せたくて自己主張するあまり、いざこざやけんかになることがある。
- 運動会を機に競う面白さを味わい、競争心が強くなってくる。
- 遊びの深まりとともにいざこざやけんかが起こり、葛藤を乗り越えていく姿が見られる。
- 覚えた歌に合わせて、体を動かすことを好む。

＜生活への取り組み方＞

- 自分の言いたいことを言うだけでなく、相手にも思っていることや言いたいことがあることを知り、聞こうとする。
- クラスで話を聞く時は、自分にも話しかけていることを理解して聞く。
- 簡単なお知らせや話し合いを母親や保育者に伝えることができる。
- 友達が泣いていたり、危険な場所へ行ったりするのを見て保育者に伝える。
- 食事の前後の挨拶が言える。
- 人の物を使う時は「貸して」「ありがとう」が言える。
- 人に迷惑をかけたとわかった時は、謝ることができる。
- 人の親切を受け入れ、「ありがとう」と言える。
- 「ありがとう」「さようなら」など、身近な人に対して、その状況に合った挨拶をすることができる。

- 身近に働いている人々と自分との関係を知り、話しかけたり、手伝おうとしたりする。
- 遊びの後、汚れたら顔や手足をきれいにする。
- 衣服の着脱を順序よくしたり、衣服の調節をしたりする。
- 自分の所持品が見つからない時には、なんとか自分で捜そうとする。
- 帽子や靴など、自分の持ち物を決められた場所に置いたり、指示された通りにしたりできる。
- 遊具や用具は、みんなで仲よく使う物だということを理解し、大切に扱う。
- 園外保育、遠足などに楽しんで参加する。
- 交通規則を守り、集団で行動することができる。
- 生活や遊びを楽しく行うには、ルールが大切なことを知り、約束を守ろうとする。
- 楽しい雰囲気の中で、友達と一緒に食事をする。また、嫌いな物でも少しずつ食べようとする。
- 当番になった時、一生懸命、自分の仕事をする。
- 親しい人に名前を呼ばれた時や仕事を頼まれた時は、はっきり返事ができる。
- よいこと、悪いことを自分なりに判断し、友達に注意したり友達のしているよいことをまねようとしたりする。
- 食事の準備や後片づけが、自分でできる。
- 園内の保育室や倉庫、遊具などの位置や利用法を理解して、遊び場所や遊び方に注意して生活する。
- 避難訓練などの際に、保育者の指示に従ってすみやかに行動することができる。
- けがをしたり、気分が悪くなったりした時は、自分で保育者に伝えることができる。
- 友達との関わりの中で次第に園生活のルールが守れるようになった。

- みんなでする活動や役割に対して、少しずつ責任をもってやろうとするようになる。
- 休みの子の人数に興味をもって、大きな声で数を唱えたり、人数当てを楽しんだりする。
- 「ありがとう」「ごめんなさい」など、関わりの中で自然な声かけができる。

「最終学年の指導に関する記録」の記入にあたり
～「幼児期の終わりまでに育ってほしい姿」を活用した記入とは？～

◆乳幼児期から一貫して「保育」「教育」を展開していく

　平成30年に幼稚園教育要領、保育所保育指針、幼保連携型認定こども園教育・保育要領の3法が同時に改正、施行され、幼児期からの保育・教育の在り方について小学校との接続を重視し、その後の教育に連続性をもたせていくこととなった。

　したがって、保育所・幼稚園・小学校・中学校・高等学校・特別支援学校までの教育の在り方を全面的に見直し、連続性を重視した教育を展開していくことにより、**一人ひとりの資質と能力の育成について、乳幼児期から一貫した「保育」「教育」を**、展開できるようにした。

　今までは、5領域の心情・意欲・態度を実現するための、保育内容（経験すべき方向性）が示されていたが、今回の改正により、子どもが経験する行為の中で、何を学び、何が育ちつつあるのかについて、次ページに示す「**資質・能力」の3つの柱**となる観点でより具体的に捉え、保育を展開していくこととなった。

　その中で、今回大きく取り上げられているのが、「**幼児期の終わりまでに育ってほしい姿（10の姿）**」である。

　まず、はじめに理解しておきたいのは、**幼稚園教育の基本は、まったく変わりない**ということである。つまり、幼稚園教育要領の第2章で示す、**ねらい及び内容に基づく活動全体によって子どもの育ちを育む**ものであることを理解してほしい。ただ、この「幼児期の終わりまでに育ってほしい姿」は、どの時点でどのように捉えていけばよいのかが重要となる。

「最終学年の指導に関する記録」の記入にあたり

◆「資質・能力」の3つの柱と「幼児期の終わりまでに育ってほしい姿（10の姿）」

そこで、「10の姿」を捉える視点として、教育要領と保育指針、教育・保育要領で示されている「資質・能力」について理解しておく必要がある。

「資質・能力」は、3つの柱から構成されている。**この柱は、要領と指針に基づき、保育を展開していく中で培われていくものであり、**以下のような育ちの過程を意図している。

「資質・能力」の3つの柱

1 知識及び技能の基礎

幼児を主体とする自発的な遊びや生活の中で、その時々に試行錯誤しながら多様な体験や経験を積み重ね、自然と社会のしくみや法則に気づき、小学校以降の教科につながる知識や技能を、遊びを通して獲得していく過程を意図している。

2 思考力、判断力、表現力等の基礎

自分と他者が互いに考え、イメージを共有しながら試行錯誤したり、規則性に気づいたり、自己実現に向けて、判断したり、他者との関係を心でつなぎ合いながら表現したりする過程を意図している。

3 学びに向かう力、人間性等

1と2を総合的に捉え、推し進める力強い意欲的な姿を意図している。つまり、今までの教育の中で、ずっと踏襲されてきた心の教育とされるものであり、5領域を通して総合的に育つものである。

これら3つの柱の内容は、保育者が子どもの主体的な遊びの展開に沿わせた、計画的意図の中で織りなされていくものであり、それぞれの子どもの成長過程で見えてくる姿である。つまり、保育者の意図として活動の中にこの3つの柱を位置づけていくものではない。今までの要領と指針に位置づけられているねらいを実現させていくために、経験すべき内容を一人ひとりの活動を通して、丁寧に紡いでいく中で、結果として実現されていくものなのである。

そのため、「幼児期の終わりまでに育ってほしい姿（10の姿）」は、

4 〈指導に関する記録〉記入内容解説と用語例

　幼稚園教育では、家庭での教育から満3歳あるいは3歳から3年間または4年間の保育の中で培われ、また保育所や幼保連携型認定こども園では、0歳から、5年間または6年間の中で、家庭と連携しながら培われていく姿であり、その姿が明確に捉えられるようになる時期は、**5歳児10月以降**といわれている。
　したがって、「幼児期の終わりまでに育ってほしい姿（10の姿）」は、本書では、5歳児後半と捉え、要録への記入事例を載せてある。

◆「10の姿」は、小学校の教師との共通理解のためのキーワード
　まず、要録に記入する前に、今まで記載してきた書き方について振り返ってみていただきたい。
　4歳までの要録の書き方は、どちらかといえば、園内部の保育者にあてた書き方であり、進級児の育ちの申し送りという書き方であった。保育者同士が、互いに知りつくした園環境の中での出来事や学年が違ったとしても、「あの子」という共通の理解があるため、要録に園の遊び場を具体的に記述したり、子ども同士の関係や保育者との関係を簡潔に記入したりして、その子の育ちの評価にしても、保育者間で十分に理解することができた。
　しかし、最終学年となると、書き方を少し変える必要が出てきた。なぜなら、園内の保育者同士での理解とは異なり、小学校の教師は、現状を想像することが難しい。そのため、なるべく共通に理解できる文章で伝えていく必要がある。**小学校の教師と保育者との間で、共通化できるワードとして、「10の姿」で評価する**ことで、一人ひとりの幼児期に培われてきた力が、適切に小学校の教師に伝わることを期待している。

「最終学年の指導に関する記録」の記入にあたり

　要録への記述は、5歳児の後半から顕著に見られる姿を客観的に捉え、今まで通りの5領域の心情・意欲・態度の側面で評価し、その後に、「10の姿」の内容が実現できているかを評価してみると、小学校の教師にも理解できる要録となるだろう。

　ただし、「幼児期の終わりまでに育ってほしい姿（10の姿）」は、**個別に読み取るものではなく、相互総合的に評価するものなので**、記述する際には次ページで示した下線を引いた「10の姿」の内容を「チェックポイント」として参考にしながら書き込んでいくとよいだろう。

　また、この「幼児期の終わりまでに育ってほしい姿（10の姿）」の内容が、「○○のようになる」となっているのは、本来「資質・能力」の育ちは、0歳から18歳までに実現する課題であり、「幼児期の終わりまでに育ってほしい姿」とは、その過程で捉えることのできる姿として示している。そして、この「10の姿」の最終実現時期は、義務教育の終わり（15歳）とされている。**そのため、「○○のようになる」とは、その途中の過程であることに留意する必要がある。**

　今回の要録への記述については、本書に書かれている事例を参考に自分のクラスの子どもの育ちを整理しながら、適切な言葉で書き進めていただくことをお勧めする。

4 〈指導に関する記録〉記入内容解説と用語例

「幼児期の終わりまでに育ってほしい姿(10の姿)」を読み取るためのチェックポイント

　ここでは、「最終学年の指導に関する記録」の記入に際し、簡易的なチェック観点を紹介する。
　要録への記述は、まずは5領域の側面で評価し、その後に「10の姿」の内容が実現できているかどうかを「チェックポイント」を用いて評価し、記入の参考にしていただきたい。
　ただし、前述したとおり、「幼児期の終わりまでに育ってほしい姿」は、個別に読み取るものではなく、相互総合的に評価するものであることを留意する必要がある。

> 　次に示す「幼児期の終わりまでに育ってほしい姿」は、幼稚園教育要領の第2章に示すねらい及び内容に基づく活動全体を通して資質・能力が育まれている幼児の幼稚園修了時の具体的な姿であり、教師が指導を行う際に考慮するものである。　　➡ P.198

①健康な心と体

幼稚園生活の中で、充実感をもって自分のやりたいことに向かって心と体を十分に働かせ、見通しをもって行動し、自ら健康で安全な生活をつくり出すようになる。

＜チェックポイント＞
☐自ら体を十分に動かして遊べているか。
☐自ら充実感をもって、自分のやりたいことができているか。
☐自ら生活に見通しをもって取り組めているか。
☐自分から安全や健康を自覚して生活できているか。

「幼児期の終わりまでに育ってほしい姿（10の姿）」を読み取るためのチェックポイント

②自立心

> 身近な環境に主体的に関わり様々な活動を楽しむ中で、しなければならないことを自覚し、自分の力で行うために考えたり、工夫したりしながら、諦めずにやり遂げることで達成感を味わい、自信をもって行動するようになる。

<チェックポイント>

☐ 主体的に関わり、行動することができているか。
☐ 自らの生活の中でしなければならないことが自覚できているか。
☐ 自分から考えたり、工夫したりして遊べているか。
☐ 自分の力を出し切って遊べているか。
☐ 自分から関わる行動で、諦めず、やり遂げようとしているか。
☐ 自ら主体的に関わる行動の中で達成感が味わえているか。
☐ 自発的行動の中で自信をもって取り組めているか。

③協同性

> 友達と関わる中で、互いの思いや考えなどを共有し、共通の目的の実現に向けて、考えたり、工夫したり、協力したりし、充実感をもってやり遂げるようになる。

<チェックポイント>

☐ 互いの思いや考えなどを共有（譲り合いながら）できているか。
☐ 友達と目的に向かって遊べているか。
☐ 友達と目的に向かって、考えたり工夫したり、協力することができているか。
☐ 自らの活動の中で充実感をもってやり遂げようとしているか。

113

④道徳性・規範意識の芽生え

友達と様々な体験を重ねる中で、してよいことや悪いことが分かり、自分の行動を振り返ったり、友達の気持ちに共感したりし、相手の立場に立って行動するようになる。また、きまりを守る必要性が分かり、自分の気持ちを調整し、友達と折り合いを付けながら、きまりをつくったり、守ったりするようになる。

＜チェックポイント＞

☐自ら主体的に様々な体験を楽しんでいるか。
☐自ら主体的に関わる中で、してよいことと悪いことが理解できているか。
☐自分のした行動を思い返すことができているか。
☐友達の気持ちに寄り添うことができているか。
☐友達と関わる中で相手の立場を考えながら行動できているか。
☐友達と関わる中できまりの大切さが理解できているか。
☐友達と折り合いがつけられるか。
☐友達と関わる中できまりを作ったり、守ったりできるか。

⑤社会生活との関わり

家族を大切にしようとする気持ちをもつとともに、地域の身近な人と触れ合う中で、人との様々な関わり方に気付き、相手の気持ちを考えて関わり、自分が役に立つ喜びを感じ、地域に親しみをもつようになる。また、幼稚園内外の様々な環境に関わる中で、遊びや生活に必要な情報を取り入れ、情報に基づき判断したり、情報を伝え合ったり、活用したりするなど、情報を役立てながら活動するようになるとともに、公共の施設を大切に利用するなどして、社会とのつながりなどを意識するようになる。

＜チェックポイント＞

☐家族と暮らす楽しさや大切さを理解できているか。

□周りの人がしてくれることに気づき、感謝の気持ちがもてているか。
□人のために自分が役立つことが喜びと感じているか。
□地域の人々に関心がもてるようになってきたか。
□遊びや生活に必要な情報を取り入れて遊べているか。
□友達と関わる中で、情報を取り入れ、判断したり活用したりすることができるか。
□戸外活動を通して公共物を大切にしているか。
□社会とのつながりが意識できているか。

⑥思考力の芽生え

> 身近な事象に積極的に関わる中で、物の性質や仕組みなどを感じ取ったり、気付いたりし、考えたり、予想したり、工夫したりするなど、多様な関わりを楽しむようになる。また、友達の様々な考えに触れる中で、自分と異なる考えがあることに気付き、自ら判断したり、考え直したりするなど、新しい考えを生み出す喜びを味わいながら、自分の考えをよりよいものにするようになる。

＜チェックポイント＞
□身近な事象に自ら積極的に関わっているか。
□遊びの中でものの性質やしくみを感じ取ったり、気づいたり考えたりできているか。
□遊びの中で物事を予測したり、工夫したりすることができているか。
□友達の様々な考えに触れ、いろいろな異なる考えがあることに気づけているか。
□友達と関わる中で、新たな考えやよりよい考えを取り入れ、取り組めるようになったか。

⑦自然との関わり・生命尊重

> 自然に触れて感動する体験を通して、自然の変化などを感じ取り、好奇心や探究心をもって考え言葉などで表現しながら、身近な事象への関心が高まるとともに、自然への愛情や畏敬の念をもつようになる。また、身近な動植物に心を動かされる中で、生命の不思議さや尊さに気付き、身近な動植物への接し方を考え、命あるものとしていたわり、大切にする気持ちをもって関わるようになる。

＜チェックポイント＞
☐自ら遊びをする中で、自然の変化に気づいているか。
☐遊びや生活を通して、好奇心や探求心をもって、自然と関わることができているか。
☐遊びや生活を通して、身近な事象に関心をもっているか。
☐遊びを通して自然を大切にする姿が見られるか。
☐身近な動植物に心動かされることがあるか。
☐生命の不思議さや尊さを感じ取ることができているか。

⑧数量や図形、標識や文字などへの関心・感覚

> 遊びや生活の中で、数量や図形、標識や文字などに親しむ体験を重ねたり、標識や文字の役割に気付いたりし、自らの必要感に基づきこれらを活用し、興味や関心、感覚をもつようになる。

＜チェックポイント＞
☐友達と関わる中で標識や文字などに興味や関心がもてるようになったか。
☐遊びや生活の中で標識や文字などの役割に気づけるようになったか。
☐遊びを通して文字や標識を活用してきたか。

「幼児期の終わりまでに育ってほしい姿（10の姿）」を読み取るためのチェックポイント

⑨言葉による伝え合い

先生や友達と心を通わせる中で、絵本や物語などに親しみながら、豊かな言葉や表現を身に付け、経験したことや考えたことなどを言葉で伝えたり、相手の話を注意して聞いたりし、言葉による伝え合いを楽しむようになる。

＜チェックポイント＞

☐保育者や友達と心を通わせ、生活ができているか。
☐自ら絵本や物語に親しんでいたか。
☐友達と関わる中で豊かに言葉や表現が身に付いているか。
☐経験したことや考えたことを伝え合えるようになったか。
☐相手の話を注意して聞けているか。
☐言葉での話し合いができているか。

⑩豊かな感性と表現

心を動かす出来事などに触れ感性を働かせる中で、様々な素材の特徴や表現の仕方などに気付き、感じたことや考えたことを自分で表現したり、友達同士で表現する過程を楽しんだりし、表現する喜びを味わい、意欲をもつようになる。

＜チェックポイント＞

☐友達と関わる中で心動かされる出来事を体験できているか。
☐友達と関わる中で感性は豊かに育っているか。
☐遊びの中で様々な素材の特徴を生かして活用していたか。
☐感じたことや考えたことを表現できているか。
☐友達同士で、表現する過程を楽しむことができたか。
☐友達同士で、表現する喜びや楽しさを味わうことができたか。
☐友達同士で、表現する活動に意欲的に取り組むことができたか。

（安見克夫）

5歳児　用語例

◆学年の重点

- 自分のしたいことを、充実感をもって行う。
- 自分で考え、友達と協力して、意欲的に園生活を送る。
- 自分で意欲をもって、最後まで諦めずに取り組む。
- いろいろな活動に主体的に取り組み、試したり工夫したりする。
- 年長としての自覚をもち、見通しをもって主体的に園生活を送る。
- 自分の言動に自信をもち、意欲的に生活する。
- ルールのある遊びを楽しんだり、ルールを考え出したりして、意欲的に生活する。
- 様々な経験や活動を通して、行動力、思考力、表現力を身に付ける。
- いろいろな遊びを通して仲間と関わり、折り合いながら遊ぶ。
- 友達との連帯感を深めながら、自分自身の課題に主体的に取り組む。
- 友達と相談し、協力して、遊びや生活を作り出すことを楽しむ。
- 遊びを考えたり、工夫したりし、多様な関わりを楽しむ。
- 相手の立場に立って、行動できるようになる。
- いろいろな活動に見通しをもち、みんなで考えたり工夫したりする。
- 集団生活の中で、それぞれの役割を責任をもって果たす。
- グループやクラス全体での活動に見通しや責任感をもって参加する。
- いろいろな場面で、状況に応じた行動を考え、実行しようとする。
- いろいろな事柄に関心をもち、考えを巡らせながら主体的に生活する。
- 生活の中で感動したことを友達と共有し、互いに刺激し合い、高め合う。
- 身近な環境に主体的に関わり、活動や遊びを楽しむ。
- 身近な環境と関わり、感謝の気持ちや思いやりの心をもつ。
- いろいろな人と関わりながら、自分が役に立つ喜びを感じる。
- 日々の生活に必要な習慣や態度の意味がわかり、自主性と協調性をもって行動する。

◆個人の重点

- 自分のしたいことに向かって見通しをもって行動する。
- 同年齢、異年齢の友達と遊ぶ中で、協調性や思いやりの気持ちをもつ。
- 思いやりの気持ちをもって行動する。
- 友達の気持ちを考えながら遊びや活動を進める。
- 自分の意見を伝え、友達の意見も受け入れながら遊ぶ。
- 友達のよさを知ろうとする。
- 自分から積極的に友達と関わる。
- 自分の思いを相手に言葉で伝える大切さに気づく。
- 自分の言動に自信をもって人前で発表する。
- 自信をもって、いろいろな活動に意欲的に取り組む。
- 様々な遊びに目を向け、興味を広げる。
- 今までできなかったことにも挑戦してみようとする。
- 苦手なことにも挑戦しようとする。
- 自分の気持ちを自分でコントロールしたり、切り替えたりする。
- やってよいこと悪いことを自分で判断して行動する。
- 集団の中の一員であることを自覚して行動する。
- 話を最後まで聞いてから行動する。
- 相手の話を落ち着いて聞く。
- 園の飼育動物や栽培物に関心をもち、愛情をもって世話をする。
- 言葉や数などに対する関心を深め、遊びの中に取り入れる。
- 基本的な生活習慣の意味を理解し、確実に行う。
- 食べ物や料理を作ってくれる人に感謝の気持ちをもち、味わって食べる。
- 友達と力を合わせてひとつの遊びを深める。
- 友達と考えたり、工夫したりして遊ぶ。
- 友達の意見を受け入れ、自分の思いと折り合いをつけながら、遊びを方向づける。

- 感じたことや考えたことを楽しんで表現する。
- 自分のイメージしたものを伸び伸びと表現する。

＜学年の初めの幼児の姿＞
- 新しいクラスや担任に対する戸惑いは見られず、進級初日から友達をドッジボールに誘い、中心となって遊んでいた。
- 進級当初は年中時の友達と遊ぶことが多かったが、新しい環境に慣れるにつれて、新しい友達を誘って遊ぶようになった。
- 同じクラスになった年中組からの友達との触れ合いを楽しんでいたが、楽しさのあまり、抑制できなくなることがあった。
- 当初、表情が硬かったが、年中組からの仲良しの友達が同じクラスにいたことで安心し、徐々に表情から硬さがとれて落ち着いてきた。
- 当初から落ち着いて生活し新しいクラスにも慣れ、活動にも積極的に取り組んでいた。
- 「年長だから頑張る！」と、当番活動に率先して取り組む姿が見られた。
- 年長になったという意識が強く、生き生きと活動に取り組む一方で、緊張のため、頻尿ぎみになった時期もあった。
- 年長になって初めて取り組む活動に対しては、戸惑いがあり心配そうにひとつひとつ確認していた。
- 遊びに必要なきまりや約束などを考えることができ、周りにも伝えながら友達関係を広げていった。
- 年長になったという気負いが見られ、自分がやりたい気持ちが先に立ち、友達とぶつかる場面も見られた。
- 意見の対立で友達とけんかすることもあったが、話し合おうとする姿も見られた。
- 異年齢活動では、グループの子がいないと捜しに行ったり、リーダーとして指示したりする姿が見られ、「年長になった」という自覚が感じられた。

- 泣いている新入園児に声をかけ、優しく接している姿が見られ、友達にもよい刺激を与えていた。
- 年長としての自覚をもち、新入園児の世話を積極的にしていた。
- 入園した弟が気になり、4月当初は年少組にいたり、年少児と遊んだりしていることが多かった。
- 年長としての自覚はあるものの、年少児にはどう接してよいかわからず、世話をするのに困っていた。
- 年長になって、新しい朝の歌を歌うことに喜びを感じ、歌詞もすぐに覚えて大きな声で歌っていた。
- 4月はダンゴムシやテントウムシの幼虫探しに夢中で、同じ興味をもつ○○くんと過ごすことが多かった。
- 絵や製作を好んではいたものの、同じ物を繰り返し作ることで安定感を得ていたようで、新しい物への取り組みには時間がかかっていた。
- 「もうすぐ山登りに行くんだよね」など、年長ならではの行事への期待に胸をふくらませていた。
- 「ぼく、もう自分の名前書けるよ」など、文字や数に対する興味を示し、進級当初から友達や保育者に積極的に手紙を渡したり、クイズを出したりしていた。
- 進級当初は食べ物に好き嫌いが多く、給食を残すことがあった。
- 食べこぼしは自分で拾い、こぼした物は台ふきんを上手に使ってふき取るなど、生活面は自立していた。
- 園生活への慣れからか、生活習慣が雑でやりっぱなしになってしまうことが当初は目立っていた。
- 人なつこく、また保育者や友達との関わりの中で自分の意見がはっきり出せるので、当初から転入園を意識することなく過ごしていた。
- クラスの中の仲間関係がある程度できあがったところでの転入園だったため、当初はクラスの中でどうしてよいのかわからず、担任を頼りに過ごす姿が見られた。

4 〈指導に関する記録〉記入内容解説と用語例

> ★下線部は、5歳児後半に見られる「10の姿」を示している。
> ※①〜⑩はP.112〜の「10の姿」の番号と対応

（1）健康

①明るく伸び伸びと行動し、充実感を味わう

- 4月、年長になったことを喜び張り切って登園し、仲間を誘い<u>砂場で伸び伸びと遊ぶ姿が見られた</u>①。2学期になり友達との関係で落ち込むことがあったが、11月に劇遊びを友達と作り上げる中で、<u>自分の役割を見つけ見通しをもちながら楽しんで活動していた。</u>①

- 進級時、自分の気持ちを表出できず、友達の遊びを傍観していることがあった。保育者とコンタクトを取るうちに緊張もとれ、遊びの仲間に入れるようになり、2学期には<u>自分の得意な鉄棒をみんなの前で披露するまでになった。</u>①

- 1学期には力を持て余しぎみで友達ともめることもあったが、好きなサッカーを通して友達とルールを決めながら遊ぶうちに、<u>気持ちをコントロールして仲間と楽しんで遊べるようになった。</u>②③

- 運動会の準備では積極的に話し合いに参加し、いろいろなアイデアを出し、仲間の中でリーダーシップを取り、<u>伸び伸びと活動し、終了後は達成感に満ちていた。</u>②

- 預かり保育の活動では、異年齢の中での小さい組の子どもに戸惑いながらも、慣れるに従い、遊びを提案したり面倒をみたりしながら<u>自分の役割を見つけ自信をつけていった。</u>②

②自分の体を十分に動かし、進んで運動しようとする

- 体を動かすことを好み、友達を誘って毎日サッカーをやっていた。ルールの問題で友達とぶつかり、<u>折り合いをつけるのに苦心しながらも</u>③、3学期はサッカー対抗戦を計画したり、勝つための工夫をしたり練習したりし意欲をもって臨んでいた。⑥ <u>当日は試合に負けたが達成感があり満足していた。</u>②

- 室内遊びを好み１日中保育室で過ごしていることがあった。保育者が戸外の遊びに誘ったところ、６月頃には自分から園庭に出てボール遊びなどに加わって楽しむようになった。２月末のドッジボール大会では、チームの一員としての意識をもって参加していた。③
- 園外保育で公園の探検コースに行き、急坂登りに挑戦すると、自然の面白さに気づき⑦興味をもって何回も挑戦する姿が見られた。①
- 体を動かすことに積極的だった。３学期になると、できないことに敏感になり、あや縄跳びができなくて大泣きした。友達に励まされ、一緒に練習する中で頑張る姿が見られた。①３月末には、まだ上手に跳べるまでには至っていないが、徐々に要領をつかんでいるので引き続き励ましている。週末には家に縄を持ち帰るほど夢中になっている。②
- 預かり保育では、巧技台で友達と探検コースを作り、登ったり・渡ったり・もぐったり・跳んだりできるように工夫し、⑥異年齢の子どもも誘い、楽しみながらも充足感で満ちていた。①

③健康、安全な生活に必要な習慣や態度を身に付け、見通しをもって行動する

- 生活習慣が身に付いていて、落ち着いて行動することができる。当番活動の話し合いでも役割を理解し、友達にも伝え対応が安定している。友達からも頼りにされ、慕われ、関係もよい。④
- 身の回りの物の管理や片づけが苦手で、やりっぱなしが多かった。保育者が個別に関わり、方法を伝えていった。２学期になり預かり保育で親しくなった異年齢の友達に丁寧に片づけ方を教えていた。３学期には遊んだ後の片づけや道具箱の整理は自分から行うようになった。②
- 食が細く食べるのに時間がかかるが、好き嫌いなく食べている。２学期後半より保育者は本児のペースを考えながら一定時間の範囲を設定し、その中で食べられるよう自覚を促しているが、まだ配慮が必要と思われる。

- 時計やピアノのしくみを知っていくうちに、ヒトの体のしくみにも興味をもち、人体の図鑑や本を見つけ、⑥食べた物がどうなるかや、栄養についても興味をもち調べるようになった。①
- 調子に乗りやすく、避難訓練時にもふざけることがあった。保育者はニュースや社会の話題を出しながら、自分の体を守ることの大切さを知らせた。意味を理解することで、態度に変化が見られた。①
- 異年齢児と関わる中で、遊ぶ時や散歩に行く時など、相手の安全を考え手をつないだり体を支えたりして面倒をみていた。①

(2) 人間関係

①幼稚園生活を楽しみ、自分の力で行動することの充実感を味わう

- 遊びの発想がユニークで、工夫したり考えたりして楽しんでいるが、自己主張が強く、友達とのトラブルも多かった。保育者は本児が作った廃材のゴーカートをみんなに見せ、作り方や遊び方を聞いたところ、親切に答えていた。クラス中でその遊びが広がり本児も安定して遊びを深めていた。⑥
- 年中時からの親しい友達と一緒にいることで安定していたが、友達関係が変わり不安な状態で過ごしていた。2学期の運動会の話し合いでは、自分の考えを伝えそれが認められ、目標に向かって頑張ってできることが増え自信がついていった②。自分の思いをいろいろな友達に伝えられるようになり、交友関係も広がった。③
- 初めての活動に不安をもち「やりたくない」と訴えることがあった。見通しがもちにくいことと、いい加減にできないことがあるので、前もって活動の流れを話すと理解し、取り組む姿勢が出てきて活動を楽しめるようになった。②
- 負けず嫌いであるが、自信のないことは避けてしまうところがあった。2学期になり親しい友達ができ、その友達と鉄棒で遊び始めるといろいろなやり方ができるようになり少しずつ自信をつけていった③。年

中の時に恥ずかしいからと嫌がっていた３学期の劇の発表にも張り切って取り組み、見てもらうのを楽しみにしていた。
- 友達といろいろな正月遊びする中で、できないことができるようになることが自覚できた。そして、そのことを喜び、充足感をもってさらにいろいろなことに自信をもって取り組むようになった。②

②身近な人と親しみ、関わりを深め、工夫したり、協力したりして一緒に活動する楽しさを味わい、愛情や信頼感をもつ

- 年長になったという意識が強く、新入園児の世話にも積極的に取り組もうとしていた。しかし、思い通りにならないと困って、投げやりになることがあった。それでも、慕ってくる年少児がいたことで少しずつ接し方を考えるようになり、１学期半ばには数人の年少児を相手に、優しく遊びを教えている姿が見られるようになった。④
- 友達と遊んでいる時自分の思うようにならないと、相手を責めて怒りけんかになることがあった。保育者が互いの言い分を聞くと落ち着き、それを繰り返すうち、２学期になると相手の気持ちもわかるようになり落ち着いて遊びを広げていった。③
- 運動会のリレーでは真剣に走り、チームのために頑張ろうとする姿勢が見られた。走る順番もチームのバランスを考えて決めるなど、周りと相談しながら工夫する姿が見られた。⑥③ チームが勝つと歓声を挙げて喜び、やる気十分だった。クラスの友達からも信頼され、リーダー的な存在である。
- ２学期の後半に、毛糸編みを通して親しい友達ができ、毛糸の色や編み方などお揃いにしながら楽しそうに遊んでいた。その後も一緒にいることで気持ちが安定するようで信頼感も生まれていた。③
- 友達とレストランごっこをするうち、仲間を増やしいろいろな店を作るようになった。それがクラス全体に広がり、友達と工夫しアイデアを出し合い⑥、足りないものを作って遊びを進めていった。それが作

品展のきっかけとなり、友達と目的に向かい協力し合っていた。③

③社会生活における望ましい習慣や態度を身に付ける
- ２学期になり仲良しの友達との仲が深まり、遊びや生活の中で、友達と思いを伝え合う経験を重ねてきた。自分や友達にもよいところと直さなければいけないところがあることを理解するようになり、自分が悪かった時は素直に謝れるようになった。④
- クラスの中で手助けを必要とする友達にさりげなく関わり、運動会の時は、一緒に手をつないだり、走るのを助けたりして関わり、仲間として認めていた。③
- 当番の役割を理解し進んでやり遂げようとする姿勢が見られた。④ また自分の役割だけでなくみんなで使う砂場の道具の片づけや、出しっぱなしの道具など積極的に片づけようとしていた。④
- クラスの担任だけでなくいろいろな先生に関わり、自分の気持ちを率直に伝えようとしていた。⑥ また、先生の手伝いを率先して行い、実習生には園内を案内して、役に立つことを喜んでいた。⑤
- 異年齢で芋掘り遠足に行った時、交通の激しいところで、年少児を内側に入れたり、信号機のところで、青になることを教えたり、優しく関わっていた。また、ルールを守らない友達には「ダメだよ」「ちゃんと手をつなぐんだよ」と注意していた。④

（3）環境

①身近な環境に親しみ、自然と触れ合う中で様々な事象に興味や関心をもつ

- 7月のプラネタリウム見学で星に興味をもち、夏休みには夜空の観察を家庭で楽しんだとの報告があった。2学期に入り、十五夜をきっかけに月に興味をもち、満ち欠けや月食などに興味が広がり図書室の本を広げて見ていることが多かった。⑦
- 「先生、昨日夕焼け見たんだよ。空が真っ赤でとてもきれいだったの」と夕焼けを見た時の感動を朝一番で伝えてきて、自分の感じた自然を言葉で率直に現わしていた。⑦⑩
- 秋になるとなぜ葉の色が変わるのか、冬に園庭がどろどろになるのはどうしてか⑥⑦など、保育者に質問してくることが多い。一緒に調べて疑問が解決されていくことで興味はさらに深まり自然事象への関心が高くなってきている。
- 夏野菜やサツマイモの栽培活動に根気よく取り組んでいた。⑦ 収穫したナスの料理も「みそ汁を作ろう」と提案し⑩てみんなで作った。その後料理にも関心をもち、家でも料理の手伝いを楽しんでいるとのことだった。
- 小動物は苦手で、飼育していたザリガニの世話にも消極的だった。脱皮を見たことが印象的だったようで、⑦ 図鑑や月刊絵本などを見て興味を深めた。2学期にはこわごわながらも触れるようになり名前を付けたり口の構造を観察したりして⑦かわいがっていた。

②身近な環境に自分から関わり、発見を楽しんだり、考えたりし、それを生活に取り入れようとする

- 色水遊びに興味をもち、いろいろな花や葉っぱで色の違いを見つけていた。また、つぶしたり絞ったりする道具や容器にも興味をもち、いろいろ試しながら新たな発見を楽しんでいた。⑥

- クラスで時計の分解をした後、見えないところにも何かが働いていることに気づき、ピアノはどうして音が出るかと考え、⑥ピアノの中を見ることをみんなに提案して、興奮しながら見ていた。
- 製作が得意で、素材を使っていろいろな物を作り出していた。クラスで割りばし鉄砲を作った時にゴムの働きに興味をもち、その後、ゴムを使ってUFOやロケットなどの飛ぶおもちゃを工夫して作るようになった。⑥⑩ 2学期に入ると、友達にも教えて楽しむようになった。
- ごみのリサイクルの絵本を読んだことで、リサイクルやエコに興味や関心をもった。⑥ また、自らクラスのごみを分けるように提案して、箱を作って分別や点検をするのを楽しんでいた。
- 3学期になり、お正月・豆まき・ひな祭りなどを経験する中で、その意味に興味をもち、先生に聞いたり行事図鑑で調べたり家庭でも話題にした⑥りして、改めてその意味を知ったことを喜んだり、調べることの面白さを感じたりしていた。

> ③身近な事象を見たり、考えたり、扱ったりする中で、物の性質や数量、文字などに対する感覚を豊かにする

- 5月から6月にかけて友達の影響から泥だんご作りに夢中になり、各種の土を混ぜ合わせ、置き場所による乾燥の具合を確かめながら固さを競って⑦遊んでいた。「白い泥に、倉庫の裏の土を混ぜると固くなる」など、友達と情報を交換しながら試行錯誤することを楽しんでいた。⑥
- 5月中旬に行った交通安全指導でいろいろな標識に関心を示し、通園途中に見つけた標識を描いたり意味を調べたりしていた。⑧「止まれ」の標識を通して文字にも興味をもつようになり、読んだり書いたりする⑧ようになった。夏休みには祖父母に暑中見舞を書いたようで、9月以降は友達との手紙のやりとりを楽しんでいた。
- クラスにある温度計に興味を示し、登園すると「今日は何度だった」と毎日気温を測っていた。また「今日は30度になるよ」と天気予報の

話をしたり、⑦⑧「28度まではクーラーはつけなくても大丈夫」などと、気がついたことをクラス内で発表したりしていた。
- お店屋さんごっこの品物作りで「年少さんは何人いるの？」と売り切れないようにどれくらいの数が必要かかぞえ、⑧ 友達と手分けして作りためていた。また、品物を入れるケースやお店の看板作りなどアイデアを次々に提案し遊びをリードしていき充実した活動を行っていた。
- 3学期には多人数でドッジボールをすることを好み、友達とライン引きやボールなど必要な物を考え準備する姿が見られた。コート作りでは、ラインが曲がったり、コートの大きさも違ったりしていたが、小さいコートのチームが勝てないといった経験を重ねると、友達と工夫し、コートの大きさを考えてラインを引いていた。⑧

（4）言葉

①自分の気持ちを言葉で表現する楽しさを味わう

- 友達の中で自分の気持ちを素直に言葉にして話すことができ、相手の話も聞くことができる。⑨ しかし、相手の言葉が強く自己主張されると引いてしまうことがあった。保育者が間に入りアドバイスをすると緊張しながらも自分の意見を言うようになった。⑨
- 見たり聞いたり感じたりしたことをすぐに言葉に表し楽しそうに話すので、友達の間で人気があった。しかし、調子に乗りやすく場をわきまえないところがあり、集団の中で注意されることがあった。
- クラスの中で気づいたことがあると、集会で提案し、どうしたらいいかを話し合おうとする姿③⑨が見られた。仲間からの信頼もありリーダー的な存在であった。
- 年長になり友達と関わって遊ぶことが増え、サッカーやゲームを楽しみ、自分の思いを伝えられるようになった。⑨ 友達間でトラブルになるとうまく説明できず戸惑い、感情をあらわにすることがあった。保育者は個別に関わり、本児の思いを整理していった。繰り返すうちに自分の思いをコントロールできるようになった。④
- 1学期は気の合う友達の中で遊んでいることが多く、互いにわかり合う姿が見られた。2学期になり、交友関係も広がり自分の気持ちを伝える場面に出合うと戸惑い、仲間に助けを求めていた。保育者は自分で伝えることの大切さを話し、見守っていった。3学期にはトラブルを解決するため、保育者に相談したり友達と話し合ったりするようになった。⑨

②人の言葉や話などをよく聞き、自分の経験したことや考えたことを話し、伝え合う喜びを味わう

- 集会や話し合いの時に、自分の意見を言わず聞いていることが多かった。話の理解はしていると思い保育者が発言を促してみたところ、自

分の考えを伝えて、周りが納得することがあった。それ以後、話し合いでは発言しスムーズに話し合う姿が見られた。⑨

- 日常の中で使う挨拶やコミュニケーションの言葉は自然に出てきている⑨が、自分が失敗した時や友達を怒らせてしまった時に素直に謝る言葉が出ないことがあった。保育者は年長児の感情と見て気持ちを受け入れながらきっかけを作っていった。その結果、3学期には素直に言葉で伝えられるようになった。⑨

- グループでの当番決めの話し合いで、自分の意見を通そうとして友達の意見を受け入れないことがあった。その後、運動会の話し合いなど、話し合いの機会が多くなっていくうちに、徐々に友達との折り合いのつけ方がわかり、楽しそうに関わっていた。④⑨

- 言いたいことがたくさんあり、保育者の話をさえぎるなど、落ち着きのない姿が見られた。活動には積極的に参加しようとしていたので、何にでも興味をもつ気持ちを受け止めながら、本児が意識できるように注意してきた。様々な活動を通し少しずつ意識できるようになり、3学期には落ち着いて話を聞こうとする姿が見られるようになった。⑨

- 自分の思ったことや経験したことを一方的に話すが、保育者や友達の言ったことがよくわからず、勘違いしたり、話が伝わらなかったりしたことが多かった。保育者は言葉だけでは伝わりにくいと思い、絵を描いたり、わかりやすく伝えていったりすると理解できるようになった。今後も配慮と指導が必要と思われる。

③日常生活に必要な言葉が分かるようになるとともに、絵本や物語などに親しみ、言葉に対する感覚を豊かにし、先生や友達と心を通わせる

- イメージが豊かで、経験したことや聞いた話などを友達と話したり絵に描いたりしていた。また、親しい友達といろいろな話を組み合わせてお話を作り、紙芝居にしたり、手紙のやり取りをしたりして楽しんでいた。⑨⑩

- 友達とダジャレを言って笑い合ったり、なぞなぞを出し合ったり、替え歌を作って歌ったりして、言葉遊びを十分に楽しんでいた。⑩
- １学期半ばからクラスで遊んできた言葉遊びに興味を示し、頭音集めや音節をかぞえる遊びを楽しんだ。同音異義語や反対語なども集めていくうちに興味も深まり、２学期末には友達と自主的にクイズを出し合うなどして楽しんでいる姿が見られた。⑥⑨
- 絵本が大好きで一人で読んでいる時も、クラスで読む時も表情豊かに聞き入って⑨いた。２学期の劇遊びでは自分の好きな絵本を提案して、せりふを考えたり、異年齢の子どもたちの動きを助けたりと、張り切って劇を進めていた。④⑩
- ２学期末のお店屋さんごっこでは計画時から興味を示し、いろいろなお店を見学して情報を仕入れるなど意欲的に取り組んでいた。お店屋さんごっこでは、友達に売り買いや宣伝の言葉を伝え、また必要な看板や品名、金額などを書き入れ、活動を盛り上げていた。⑧⑨

（5）表現

①いろいろなものの美しさなどに対する豊かな感性をもつ

- 登園後「先生、きれいな紙ちょうだい」といい、登園途中で摘んできた花を花束にして保育者にくれた。花を摘んだ道すがら、いろいろイメージしてきたと思われる。⑩
- 秋の園外保育の公園で、紅葉の美しさに気づき「きれいだね」「すごい！」と歓声を挙げていた。また、いろいろな葉を集め色の違いや形の違いに気づき、種類別に分けたり、紙に貼って模様作りをしたりして楽しむ姿が見られた。⑦⑩
- いろいろなことに興味をもつため落ち着きがなかったが、雨の日「先生、雨の音が聞こえるよ。音があるんだね⑩」と静かな声で伝えてきた。
- 夏休み後、いろいろな写真を保育室に展示したところ、「先生、私もきれいな写真持ってる」と言い、川や山の写真を持ってきた。クラスに広がり写真展になり、みんなで「色がきれい」「行ってみたい」など感じたことを話すことができた。⑨⑩
- 預かり保育で散歩に出た帰り夕焼けを見た時、「空が赤くなっている」「きれいだね」と言い、周りの異年齢の友達に「ほら、あそこ」など丁寧に教えていた。④⑩

②感じたことや考えたことを自分なりに表現して楽しむ

- 製作が好きで、毎日のように廃材を集めて次々と面白い箱や動物、ゲームなどを作り、⑥ 友達や保育者に見せていた。作品を認められ、飾られると得意になりさらに製作意欲につなげていた。また、友達からも刺激を受けると、一緒に大きなものを作り楽しそうに製作していた。③
- 夏休み明けに数人の友達と、お化け屋敷作りをした。いろいろな絵本を参考にしたり、夏に見たお化け屋敷を思い出したりして、いろいろな素材を駆使し、自分達でお化けになったり、小道具を作ったりして

楽しんでいた。⑥⑩
- 2学期になり友達数人とダンスに興じていた。ＣＤをかけてもらうと友達とダンスの振り付けをして、繰り返し踊り、運動会で踊るダンスに仕上げ満足していた。⑩
- 何か新しいことに取り組む時に最初から「できない」と言うことが多かった。2学期に楽器遊びをしたところ、いろいろな楽器に興味をもち、自由に演奏して楽しんでいた。⑩発表会の劇遊びでは、劇中の太鼓を担当して、リズムよく演奏していた。みんなにほめられて自信をつけたようだ。
- 正月遊びでいろいろな遊びを楽しんだ後、みんなでコマや凧になり身体表現をしたところ「ぼく、考えた！」と言い、コマが勢いよく回るところから回転が弱まり止まるまでを一人で表現して得意になっていた。⑥⑩

③生活の中でイメージを豊かにし、様々な表現を楽しむ

- 6月半ば、飼育していたカタツムリに赤ちゃんが生まれた。じっくりと観察していた後に「赤ちゃんカタツムリ、カタちゃんのぼうけん」と題するストーリーを考え、1週間以上かかって紙芝居を作った。②⑩クラスの友達や他クラスにも発表して、満足していた。
- 年中までは、ヒーローごっこが好きでなりきって遊んでいたが、年長になると廃材でヒーローを作り、ブロックと組み合わせて基地にして、それを動かす遊びに変わってきた。⑥⑩
- ごっこ遊びを好み、ドレスを着て友達とお姫様ごっこを繰り返し遊んでいた。2学期になると、友達とお城の絵を描き、紙をつなげていろいろな部屋を作り、イメージしながらお城の地図を作り上げた。③⑩
- 楽器遊びでは、いろいろな楽器に親しみ、友達と合奏をしていた。途中で指揮者になりそれが気に入って、指揮棒も自分で作りみんなの前で何回も指揮していた。⑩年少児がやりたがると後ろに回り手を重ね

ながら一緒にリズムを取って演奏していた。④
- 身体表現遊びが好きで、ごっこ遊びやダンスを楽しんでいた。異年齢で行う劇遊びでは張り切ってせりふを考えたり、小道具を作ったりしていた⑩が、練習になると年少・中児が思うように動かないので、困り果てる場面があった。繰り返すうちに互いに慣れて当日は、良きリーダーとして活躍した。④

＜具体的な興味や関心＞
- 体を動かすことが好きで鉄棒やのぼり棒に挑戦している。
- 友達とサッカーをすることが好きでルールを決めて遊んでいる。
- 時間や時刻に興味が出てきて、生活を時計と結び付けて考えようとする。
- 料理に関心があり積極的にやりたがる。
- 地震や災害のニュースに関心を示し、どうしたらいいかを考えたりする。
- 友達と一緒にいることを好み、話したり相談したりする。
- 小さい組の子どもと関わることを好み、相手の思いに気づいたり、関わり方を工夫したりして楽しんで遊んでいる。
- 困っている友達を手伝うことに関心がある。
- 働く人に興味をもち、関わろうとする。
- 園のいろいろな行事に関心をもち、年長児としての自覚と誇りをもって参加している。
- 身近な生き物（昆虫）に興味があり、捕まえるだけでなく、生態などを図鑑を利用して調べている。知識も豊富で、愛情深く世話をしている。
- 「お天気博士」と呼ばれており、毎日天気予報を見てから登園している。
- 四季の変化に気づき、植物の変化や気温の変化に関心をもつ。
- 空の色や雲の動きに敏感で、「〜みたい」と想像をふくらませている。

4 〈指導に関する記録〉記入内容解説と用語例

- 「霜柱はどうしてできるのか」を自分なりの言葉で表現するなど、自然現象の知識は豊富である。
- プラネタリウム見学後、太陽や月、星などに興味をもち、保育者と話す。
- 虫めがねや磁石などの科学的な器具を扱うことが楽しいようで、毎日「実験」と称して、試して遊んでいる。
- テレビのニュースに興味をもっており、友達と話し合ったり、ニュースごっこをしたりしている。
- 乗り物やおもちゃなどの動きやしくみを知ろうとして、よく見たり、周りの大人に聞いたりする。
- 固い泥だんごを作るのに夢中で、作っては落としたり転がしたりして強度を試している。
- 数に興味が出てきて遊びの中で「ぼくは○番目」「○回できたよ」などの発言が多い。
- 数字を書くことに興味をもつ。
- 身近な標識や記号に興味があり、知らないものがあると、積極的に質問したり調べたりしている。
- 絵本が好きで自分で読んだり、先生に読んでもらったりして集中する。
- 言葉の面白さを感じて、同音異義語探しや擬態語集めなどの言葉遊びに積極的に参加し、友達と一緒に楽しんでいる。
- ダジャレやなぞなぞに関心をもち、友達と当てっこ遊びをする。
- 替え歌作りが得意で、言葉のリズムや音の数を合わせた楽しい歌詞を友達にも披露している。
- 文字に興味や関心をもち、友達と手紙のやりとりを楽しんでいる。
- ピアノを探り弾きして、歌の音を探すのに夢中になっている。
- ダンスが好きでCDに合わせてよく踊っている。
- 絵を描いたり、話を作ったりすることが好きで、絵本作りに熱中している。
- 乗り物が好きでよく描いている。観察力が深まり、細かな違いまで描

写されている。絵の説明も専門的な言葉が多く用いられる。
- 自分の作品だけでなく、友達の作品にも関心があり、好きなところやおもしろいところなどを話し合っている姿がよく見られる。
- 疑問に思ったことは、納得のいくまで質問する。

＜遊びの傾向＞
- 友達と一緒に遊びを膨らませ、面白くしようとする。
- 勝ち負けのある遊びを好み、いろいろな競争や競技に喜んで参加し、勝敗に一喜一憂している。
- サッカーや野球、ドッジボールなど、多人数で行う遊びを好んでいる。
- ルールのあるゲーム性のあるものを好む。
- ルールのはっきりした動的な遊びよりも、少人数で静かに遊ぶ方が落ち着くようだ。
- 鉄棒などできないものに挑戦してできるようになることを喜ぶ。
- プール遊びで水に慣れながら水中ゲームをしたり泳いだりする。
- フォークダンスやわらべ歌遊びなどを好み、気の合った数人で遊ぶことが多い。
- 砂場で川作りや山作りなどをダイナミックに楽しむ様子が見られる。
- 泥だんごを工夫して固く作ろうとする。
- ブロックや積み木遊びが好きで、友達と協力し合って基地など大きな物を作っている。
- ごっこ遊びを好みイメージしたものになりきって、友達と遊ぶ。
- 仲良しの友達とは、言いたいことを伝え合いながら落ち着いて遊ぶ。
- 模倣遊びなどでは、ひょうきんな表現でみんなを笑わせるなど、明るく楽しい雰囲気作りが得意である。
- 遊びに必要な物を考え、作り出すことができる。
- 自由に自分の発想で物を作ることを好む。
- 廃材でイメージしたものを組み立てて作ることを好む。

- リズム表現が好きで、いろいろな曲をかけては、自分で振りを考えて踊っている。
- 音楽を聴いて、リズムに乗ったり打楽器を打ったりして楽しんでいる。
- 音楽を全身で受け止め、手を打ったり、ステップを踏んだり、楽器を鳴らしたりしながら、リズミカルに表現している。
- 折り紙などは複雑なものに挑戦しようとする。
- 切り紙が得意で、次々と複雑で美しい模様を作り出し、周りから認められる。
- イメージしたものを絵に描いたり、紙芝居にしたり想像豊かに遊びを広げる。
- 絵の具やマーカーなどいろいろな材料で絵を描くことに挑戦する。
- 立体表現を考え工夫して作ることを好む。
- 大工道具を使う活動では、それぞれの道具の使い方をよく理解しており、作ることを楽しむ。
- 製作活動が得意で、材料の特質を生かし、試したり、工夫したりしながら遊ぶ。
- アイデアは豊富で根気強く製作に取り組むが、技術がともなわず、手助けが必要なこともある。
- 正月遊びを楽しみ、コマ回しができるようになることを目指し挑戦する。

＜生活への取り組み方＞

- 園生活がすっかり自分のものとなり、毎日その日の活動を楽しみに登園し、充実感をもって降園している様子が見られる。
- 自分のことは自分でやろうとする意識があり、実行力も技術力もある。
- 自分の持ち物への意識を高め、片づけや物の管理をする。
- 自分の物だけでなく、公共の物も大切に扱うことができる。
- 片づけや掃除をして清潔さを保とうとする。
- 風邪の予防のため、汗をかいた衣服の着替えなど、健康維持に注意している様子が見られる。
- 食後のうがいや遊んだ後のうがいを忘れずにするようになる。
- 嫌いな物も少しでも食べようと努力する。
- 食後の休息を、自分で意識して取っている。
- 場に応じた挨拶ができるようになる。
- 心を込めて「ありがとう」や「ごめんなさい」が言える。
- 園内の危険な場所を知り安全に注意する。
- 保育者とのスキンシップを求め、安定しようとすることがある。
- 遊んでいるうちに夢中になり、楽しさのあまりルールが守れなかったり、危険に目が向かなかったりすることがある。
- 当番活動など、集団の中での役割に対する意識が高く、責任感も強い。
- 進んで飼育（栽培）当番に取り組んでいる。
- 園生活の中でリーダーとしての自覚があり、年下の子の手本であろうとしている。
- 年下の子に対して、優しく接することができる。
- 周りの状況を考えたり、友達の気持ちを思いやったりして遊ぼうとする。
- 友達が困っていたり泣いていたりすると、優しく手をさしのべる。
- みんなの役に立ちたいと思っている。

- 指示が理解できなくても、周りを見て、指示に合った行動をしていることがある。

健康の状況等　用語例（満３歳～５歳児共通）

- ときどきお腹が痛いという。甘えたい気持ちの表れである場合もあるので、様子を見つつ声をかけている。
- 食べ物の好き嫌いが多い。見た目や大きさによっては食べられることもあるので、家庭でも調理法を工夫してもらうなど話し合った。
- 11月下旬から12月にかけて、腕を2度脱臼した。医師からは癖になってはいないと言われているが、注意を要する。
- 非常に汗をかきやすいので、着替えを多めに用意してもらっている。
- 風邪をひきやすく、一度体調をくずすと長く欠席しがちなので、衣服の調整や手洗い、うがいなどへの声かけを多くしている。
- 熱が出やすい。熱性けいれんを起こしたことがあるので、37.5度以上の発熱の時には解熱用座薬を入れるように医師より指示された。園では一度も使用することなく過ごしたが、風邪ぎみな時など、配慮を要する。
- アトピー性皮膚炎がひどく、かゆがって落ち着かないことがある。冷水に浸したタオルで患部を押さえるようにして拭くと治まるようだ。
- 保育者の話に集中できなかったため、難聴を疑い保護者に診察を受けるよう勧めたところ、アデノイド肥大と診断され、現在手術の時期を検討中である。
- ぜん息の発作が出やすく、外で活発に遊んだ後など息苦しさを訴えることがある。深呼吸をしたり、水を飲んだりして安静にしていると、30分ほどで治まる。遊びの様子によっては、途中で休息を取るよう声をかけている。
- 言葉の明瞭さに欠けるので、保護者に話し、難聴・構音障害の両面から経過を観察中である。
- 視力検査で左右の視力の差がわかり、現在矯正のための眼鏡を用いている。

5

子どもの捉え方と
具体的な記入のポイント

1 子どもの捉え方
2 具体的な記入のポイント
補助簿からの転記のしかた

5　子どもの捉え方と具体的な記入のポイント

 子どもの捉え方

　「指導上参考となる事項」欄の記入は、「ねらい（発達を捉える視点）」及び「指導の重点等」に照らし、『（１）次の事項について記入すること。①１年間の指導の過程と幼児の発達の姿について以下の事項を踏まえ記入すること。　・幼稚園教育要領第２章「ねらい及び内容」に示された各領域のねらいを視点として、当該幼児の発達の実情から向上が著しいと思われるもの。その際、……』と、通知に示されている。

　〈指導に関する記録〉は、次年度の担任にとって、また進学先において、重要な参考資料となり、よりよい指導を生み出すためのものでなくてはならない。

　子どもを捉える時、分類的・類型的に捉えてしまい、個の育ちが見えにくい場合がある。また、他の子どもとの比較や標準・平均からだけしか捉えられなかったりして、一人ひとりの発達しようとする面やよさを見落としてしまったりすることがある。

　子ども一人ひとりの発達は、その成長する速さや状態など、それぞれに異なるものであることを考慮し、その子にとっての個人内評価であると認識することが必要である。

　また、子どもは認められ、ほめられることを通して自信と安定等を得て発達していくことに留意し、保育者自身の保育観や子ども観などを再確認しておくこと、また、偏った見方や決めつけた捉え方をしないよう注意し、その子のどういうところが育っているのか、これから伸びようとする面はどこなのかを、前向きに、日常の保育の中で捉え続けていくことが大切である。

<日常保育の中での捉え方のポイント>

様々な生活や活動の中で…
- 一人ひとりの子どものよさ、伸びようとした面、変化したことを見つける
- 一人ひとりの子どものしたいこと、やってみたいことは何かを探る
- 一人ひとりの子どもの気持ちや思い、イメージなどを受け止める
- 一人ひとりの子どもの表現しようとする姿や喜びなどを大切にする

2 具体的な記入のポイント

　次ページ以下では、〈指導に関する記録〉を記入していくにあたり、「1年間の幼児の姿をどのようにまとめていくとよいか」を記述の注意点とともに具体的に紹介する。
- それぞれのページで満3歳児、3歳児、4歳児、5歳児の記入例を掲載し、左ページでは注意を要する、あるいは一般的に望ましくないと思われる箇所を赤字で示し、そのポイントを解説した（記入例中の番号と解説の番号を対応して参照）。右ページには、そのポイントを踏まえ、望ましいと思われる記入例を紹介している。
- 同じ幼児について、この他にも保育者によりいろいろな捉え方があると思われるが、本書でこの項目を設けたのは、実際の記入にあたり、自分自身の"幼児の捉え方"や"記述表現"について見直す参考にしてほしいという思いからである。
- 〈指導に関する記録〉の中で、特に「指導上参考となる事項」への記入については、具体的でわかりやすく、簡潔であることが望ましく、言葉の使い方なども注意点として取り上げているので参考にしてほしい（発達が十分でないと思われる事項の表現には、特に注意する必要がある）。

5　子どもの捉え方と具体的な記入のポイント

満3歳児（男児）

指導の重点等	平成　　年度
	（学年の重点）
	保育者と親しみ友達と触れ合って遊ぶ。
	（個人の重点）
	園に慣れ、遊べるようにする。①

指導上参考となる事項	
	・7月1日より入園する。1年間未就園児クラスに通い、慣れていたはずなのに②母親を求めてパニックになる。
	・同じクラスの友達がブロックを貸したり、折り紙をあげたりするが見ようともせず、母親を求めて泣くため、保育者が抱っこしたり、おぶったりした。
	・大変なので、③園長に相談し、母親に付き添ってもらうことにした。
	・2学期も母親と一緒に登園する。
	・体を動かすことが好きで、運動会の練習では、玉入れやかけっこに興味を示し、友達のまねをして楽しみ、母親のいることを忘れるほどだった。徐々に母子分離を心がけ、9月末で付き添いをやめた。
	・運動会後は、運動会で世話をしてもらったH男にべたべたとくっついて⑤遊ぶことが増える。
	・ジャンパーなどの着脱は「やって」と言ってくる時と友達を見て自分でやろうとする時がある。⑥
	・発表会ではリズム遊びを友達と楽しんでいた。
	・冬休み明けには一人で登園し「お兄ちゃんになったね」と言う保育者の言葉かけに、にっこりとうなずく。

＜記入のポイント＞

① 「遊べるようにする」は保育者の視点なので、子どもの視点で書く。
② 「慣れていたはず」というのは、保育者の思い込みかもしれない。未就園児のクラスでは母親といることで安定していたとも考えられる。
③ 「大変なので」は子どもなのか、保育者なのか。後者であれば感情的な書き方は避けたい。
⑤ 「べたべたとくっついて」では、なぜくっついたのかの理由が見えない。
⑥ この子の意欲が出ている点（長所）を記述するとよい。

146

指導の重点等	平成　　年度
	(学年の重点) 保育者と親しみ友達と触れ合って遊ぶ。
	(個人の重点) 園生活に慣れ、喜んで登園し、友達と遊ぶ。

指導上参考となる事項

- 7月1日より入園。
- 母親がいないと、母親を求めて不安になる。保育者が寄り添いながら一日を過ごす。クラスの友達がおもちゃを貸してくれたり、折り紙をくれたりするが目を向けなかった。翌日より、母親と登園して一緒に過ごす。
- 2学期も母親と登園する。
- 体を動かすことが好きで、運動会の練習では、玉入れやかけっこに興味を示し、友達のまねをして楽しみ、母親のいることを忘れるほどだった。徐々に母子分離を心がけ、9月末で付き添いをやめた。
- 運動会後園生活の流れを理解すると、リーダー格のH男を頼りにして、様々な場所や遊びに出入りするようになり、この頃から園生活を楽しめるようになる。
- 衣服の着脱などを友達の姿を見て自分でしようとする意欲が出てきた。
- 発表会も楽しんで参加し、仲間との触れ合いを楽しむ。
- 3学期には園生活に慣れ、自信のある姿が見られた。
- 次年度は自分のペースを保ちながら、さらに成長することを望みたい。

3歳児（女児）

指導の重点等	平成　　年度
	(学年の重点) 情緒の安定を図り、個々の幼児が集団生活の中でも自分を発揮できるようになる。①
	(個人の重点) 自発的に行動する楽しさを味わい、自分のことは自分でするようになる。

指導上参考となる事項

- 入園前の状況は、3月生まれの末っ子なので、過保護であった。そのため自発性に欠けていて、一人では何もできない。②保育者の投げかけにも全然動き出そうとせず、友達同士の遊びにも全く入っていかない。③
- 保育者は、基本的生活習慣が身に付くように、いろいろなことを自分一人でさせ、④自立することができるように指導した。そのせいか、ようやく友達との遊びも少しするようになったと思われる。⑤したがって、園生活にも以前に比べると楽しんでいる。
- 今後は、もっと明るく元気に過ごしてほしいと思う。⑥

＜記入のポイント＞

① 3歳児の育ちを踏まえ、学年の重点を考える。情緒の安定というより、「喜んで」や「楽しんで」「伸び伸びと」とするとよい。
② 「～なので」「過保護で」や「なにもできない」などの言葉は避け、子どもの姿に寄り添って書くようにする。
③ 「全然」「全く」などの極端な表現を使わず、子どもの内面の気持ちに触れてほしい。
④ 「させる」という表現は指示・命令の印象が強くなるので避ける。
⑤ 「少し」とは何か、具体的に子どもの姿を伝えるとよい。また、「思われる」と推測するよりも、子どもの様子を具体的に記述するほうがよい。
⑥ 「もっと明るく元気に」とあるが、現在はどうなのか、興味や関心はどういう点にあるのか、また長所などを具体的に記述するとよいだろう。

2 具体的な記入のポイント

指導の重点等	平成　　年度
	(学年の重点) 園生活に慣れ、保育者や友達と関わりながら喜んで遊ぶ。 (個人の重点) 自発的に行動する楽しさを味わい、自分のことは自分でするようになる。

| 指導上参考となる事項 | ・入園当初は何ごとにも保育者の助けを必要とした。保育者は基本的生活習慣をひとつひとつ援助しながら自分で行えるよう誘いかけていった。
・気持ちは安定していて、動作もおっとりしている。当初は室内から園庭を見ているだけだったが、徐々に砂場に興味を示し、近くに行って見ている状態が5月から続いた。初めは保育者と一緒に砂場に入って遊んだが、5月末には一人で遊べるようになった。
・仲間と接する楽しさを味わえるように少しずつ働きかけていったところ、手遊びなど室内での遊びには進んで参加するようになった。
・3学期には、困ったことがあった時に、自分から言ってくるようになった。
・クラスで絵本や紙芝居を見ている時には、笑顔がよく見られるので、ときどき保育者が膝に乗せ、一対一で絵本を読む機会を作るようにすると、自分から話しかけたりするようになった。 |

4歳児（男児）

指導の重点等	平成　　年度
	（学年の重点） 友達との触れ合いを楽しみながら、様々な活動に興味をもち、意欲的に遊んだり取り組んだりする。
	（個人の重点） 体験を通して理解しながら、自信をもち、積極的に行動する。

指導上参考となる事項

- 運動遊びを好む。友達ともよく遊んで、② 毎日が楽しそうである。③
- 小動物や植物に興味・関心が強く、捕まえてきた虫でよく遊んで楽しそうであるが、③ その反面、簡単に足で虫を踏みつぶしてしまうなど、生命を粗末にする残酷な面ある。④ その都度、生命を大切にさせようと、指導を試みていったところ、多少の効果は見られていたようだ。⑤
- よく聞いたり、自分から話したりするが、頭で知っていることが多く、実際の体験が少ない。今後は「体験から学ぶ」ことを大切にしてほしいと心から思う。⑥

①

＜記入のポイント＞

① 全体的に子どもが変化した時期が記されていないので、いつの時期の様子かを記すとよい。
② 具体的な遊びを記述するとよい。
③ 「楽しそうである」が繰り返し出てきているが、「楽しそう」な内容を具体的に記述するとよい。
④ その場面だけで「残酷」と決めつける表現では、子どもの変化が感じられないので、子どもの気持ちを読み取りながら記す。
⑤ この子の成長を捉え、具体的な表現で記述するとよい。
⑥ 「心から思う」という保育者の主観的な感情を表す言葉は控え、できるだけ客観的に、指導の反省・評価を記すとよい。

2 具体的な記入のポイント

指導の重点等	平成　　年度
	(学年の重点) 友達との触れ合いを楽しみながら、様々な活動に興味をもち、意欲的に遊んだり取り組んだりする。
	(個人の重点) 体験を通して理解しながら、自信をもち、積極的に行動する。

指導上参考となる事項

- 進級したことを喜び、年中組からの友達数人で園庭に行き、ジャングルジムやボール遊びなど、体を使った遊びを活発に行う。

- 虫や身近な植物にも興味を示し、ダンゴムシなどをよく捕まえる。触れて遊んだりするのを好み、「生き物はかわいがらなきゃいけないんだよね」と言ったりするが、靴で踏んでしまったり、手でつぶしてしまうこともあった。本児の興味関心の表れと理解したが、その都度、生き物を大切にすることを具体的に話してきた。2学期には、虫や小動物などを、そっと大切に扱おうとする姿が見られるようになってきた。

- 頭で理解したことと実際に行動することに食い違いがあるが、3学期には園生活での体験が日常に生きてくるようになり、安定した行動がとれるようになってきた。今後も体験を通して理解しながら、自信をもって行動することを望む。

5歳児（女児）

指導の重点等	平成　　年度
	（学年の重点） 友達と連帯感を深めながら、自分の課題に主体的に取り組む。
	（個人の重点） 仲間と協調して活動をすすめるようになる。

＜記入のポイント＞

【注】最終学年の記録は、小学校に提出する公簿にもなるので、その子ども像がわかり、かつ興味関心の傾向や物事への取り組みなどについて、「5領域のねらい」とともに「幼児期の終わりまでに育ってほしい姿」を活用して、小学校側が具体的にイメージできるような記入を心がけることが大切である。➡詳しくはP.108〜を参照

① 文章の中に、いくつかの視点が混在しているので、整理して記す。
② 「苦手意識」があるものや「イメージしたものやアイデア」を具体的に記すと、子どものしたいことが見えて、より具体性が増す。
③ 「保育者は、」と主語を入れる。
④ 「現在では」だと漠然とし、いつの現在なのかわからないので、具体的な時期を入れる。
⑤ どんなふうに活動したかを具体的に記す。

指導上参考となる事項

- 進級当初から安定して生活し、自分の思いを大切にしながら、苦手意識②があることに対しても前向きに捉え、やってみようとする姿が見られるので、初めて体験することに順応できることが多い。①
- 様々なことに興味をもち、面白そうと感じる遊びを自分で見つけ出して、イメージしたものやアイデア②を友達にも伝え、一緒に遊ぶ楽しさを感じながら過ごしていた。
- 2学期後半より、自分と相手の思いが違うということに敏感で、自分の思いを出してもよいか戸惑い、黙ったり、泣いたりする姿も見られた。本児の気持ちを受け止め、③ 言葉で伝えられるように寄り添っていった。現在では、④ 言葉での意思表示ができるようになり、安定していった。
- 3学期は絵本作りを楽しんだ。⑤

2 具体的な記入のポイント

指導の重点等	平成　　年度
	（学年の重点） 友達と連帯感を深めながら、自分の課題に主体的に取り組む。
	（個人の重点） 仲間と協調して活動をすすめるようになる。

指導上参考となる事項

・進級当初から安定し、自分の思いを大切にしながら過ごしていた。
・運動等体を使って遊ぶことが苦手であったが、次第に挑戦してみようと取り組む姿が見られるようになった。
・物事にも積極的に取り組み、興味をもって関われる。製作でもアイデアを出しながら、イメージしたことを表現し、友達と教え合いながら一緒に作る楽しさを感じ、活動していた。
・2学期後半より、相手の思いが自分と違ったりすると敏感に感じ、戸惑い、黙ったり、泣いたりすることがあった。保育者は成長の過程と理解して本児の気持ちを受け止め、言葉で伝えられるよう寄り添っていった。3学期の終わりには言葉での意思表示ができるようになり、安定していった。
・3学期には、友達と絵本作りに興味をもち、絵を描き、文字を入れ、クラスで見せ合って楽しんでいた。

補助簿からの転記のしかた

〈指導に関する記録〉は、子どもの姿をできるだけ正確に記入していく必要があるため、年度末など一時期だけで幼児の姿を捉えてしまうことのないよう、日頃から一人ひとりの幼児についてのいろいろな活動の姿を記録に残していくことが大切である。幼児の日々の姿を記録するものを補助簿、あるいは記録簿、教務手帳などと一般に呼んでいる。

ここでは、ある幼稚園での自由形式の補助簿を例に取り上げ、それを土台とした〈指導に関する記録〉へのまとめ方の一例を示している。

自由形式の補助簿とは、一人ひとりの幼児について、ノート１冊を使用して幼児の幼稚園におけるありのままの姿を形にとらわれず記入できる形式である。この形式では、幼児の具体的な興味や関心、遊びの傾向、生活への取り組み方の様子や変化を、一連の流れの中で読み取ることができる。また、気がついた時に保育者が手軽に記入できることが利点である（補助簿の意義、形式等については次章参照）。

次に紹介するのは、4歳・男児、緒形 翔（仮名）の1年間の生活、遊びの姿を記録した補助簿である（一部抜粋）。

そして、その補助簿から〈指導に関する記録〉への転記の実例をP.158に掲載した。転記の際にポイントとなった補助簿での記録の箇所を赤の波線で示し、〈指導に関する記録〉への転記個所を同じ番号で示した。転記にあたって、以下を視点としてまとめている。

- 抽象的な文章でまとめるのではなく、できるだけその幼児の具体的な行動を伝えるようにする。
- その時の事実だけを取り上げるのではなく、前後の出来事にも触れるようにする。
- 個人の重点が、幼児の発達の過程に沿ってどのように具体化されていったかが、文面から読み取ることができるようにする。

個人記録

家族構成　両親・弟の4人家族

くみ　たんぽぽ組
なまえ　緒形 翔　　⑨・女　　平成25年12月10日生　　4歳児

日　付	子どもの状態
6／19	・父親の転勤のため転入園。 ・集団生活を経験していることから、元気に挨拶し、母親から離れて遊び出す。①
6／20	・好きな遊びを見つけて、積極的に遊ぶが、そのくせ周囲の友達の様子を気にする姿が目につく。 ・クラスのM男と気が合わず、ブロックの取り合いからけんかになる。最後はなぐり合いにまで発展。②
6／21	・サツマイモの苗への水やりに行く途中、ぶつかった、ぶつからないとのことから、Y子に怒って水をかける。③ 気が高ぶっているようなので、声をかけて落ち着かせる。
6／22	・理解が早く、製作の説明を聞きながら折り紙などを折ってしまう。折り紙を細かく切り、数字を書き込んで、くじを作っている。「何作ってるの？」と聞くと、嬉しそうに保育者に見せに来る。
7／7	・昆虫や小動物、特にクワガタに興味をもっているようだ。虫を持っている年長児の後を嬉しそうについて回る。 ・S男が持っていたカエルを横取りした。保育者が「どうしたの？」と聞くと、すぐに返し、ゴメンネを繰り返す。④ ・ひとりごとを言いながら、自分のイメージに見立てて切り紙をして遊ぶ。

5 子どもの捉え方と具体的な記入のポイント

9／5	・近頃、年少児と遊ぶことが多い。同じマンションに住む年少児のH夫のいるすずめ組によく行き、先頭に立って遊ぶが、自己中心的な態度が見られる。⑤
	・年少児と一緒に絵本を見ていたが、前の子が動くと「見えないよ！」と怒ってたたく。⑥
	・母親が実家に帰ることが多く、欠席することもある。園に出てくると、おじいちゃんとしたことを嬉しそうに話す。
10／6	・年少さんが作った泥だんごを取ってしまい、保育者に注意されることが近頃多いので、優しく接するように援助していく。⑦
	・クラスのK、M男、T太たちと戦いごっこを好む。⑧
	・園服の第1ボタンだけをかけマントにし、ブロックでピストルなどを作って遊ぶ。
	・ここ数日、集会に遅れるほど仲間との泥だんご作りに興味を示して夢中になっている。⑨　保育者が声をかけると「あっ、そうか」と言って戻る。
10／8	・登園し、かばんをロッカーに置くなり園服をマントにし、泥だんご作りをしている。
11／9	・運動会などでの交流がきっかけとなったのか、近頃、急にM男と遊ぶようになる。M男のごきげんを取るためか、カードをたくさん持ってきて分ける姿をときどき見受ける。⑩
	・言葉づかいが大人びていたり、変にクールであったりする面がうかがえる。
	・キラキラ光るテープを使い、剣を作ったり、手首に巻いて飾りにしたりして、戦いごっこをしている。
	・作った武器を年少のH夫たちに分けている姿もあるが、時に命令調になり「〜取ってこい」などと言うこともある。

12／2	・折り紙を使って、パックンチョを作ることに興味がある。その後、鉛筆で数字や言葉を書いて保育者のところに持ってくるようになる。
	・文字に興味をもち始め、数人の男子と絵本を見るようになる。
12／14	・工作に使うテープを黙ってかばんに入れ、たくさん持って帰ってしまう。母親が翔を連れて来園し、強く叱る。母親は一緒に遊ぶ友達のことや翔の性格、口調まで、細かく気にしている様子である。担任と母親で翔への関わり方などについて、じっくり話し合う。⑪
1／12	・かるた取りに勝ちたいため、無理に取ろうとするが、自分からよくないことに気づき「ジャンケンしよう」と言い出すなど、これまでにない変化が見られる。⑫
1／20	・近所の年長児、O治、U樹、クラスのM男の4人で遊ぶようになる。
	・年長児に優しくされたり、面倒を見てもらったりしながら遊ぶ中で、友達との関わり方に変化が見られてきたようだ。
	・優しいところが見られるようになる。年少児への接し方も穏やかな面が見られるようになるなど、少しずつではあるが、小さい子を思いやる気持ちが育ってきているようだ。⑬

➡次ページで、この個人記録（補助簿）から〈指導に関する記録〉へ転記した実例を紹介。

5 子どもの捉え方と具体的な記入のポイント

◆ P.155〜157の個人記録（補助簿）を〈指導に関する記録〉にまとめた例

指導の重点等	平成　　年度
	（学年の重点） 友達との触れ合いを楽しみながら、様々な活動に興味をもち、意欲的に遊んだり、取り組んだりする。
	（個人の重点） 友達と伸び伸びと遊びを展開する中で、優しい気持ちで接する。

| 指導上参考となる事項 | ・6／19付で転入園する。園生活の経験があることで新しい生活にもなじみ、緊張することなく遊んでいた。①
・友達とささいなことでけんかをするなど、うまく関わり合えない姿が見られた。保育者は、その都度声をかけ、本児の気持ちを聞いたり、代弁したりし、心の安定を図っていった。②③④
・夏休み後は、年少児をリードして遊んでいたが、相手に強く出ることがあったので、優しく接するように声をかけていった。⑤⑥⑦
・運動会を通して、クラス意識が出てくると、クラスの友達と自然に関われるようになり、けんか友達にも自分から接していく姿が見られた。②⑧⑨⑩
・いろいろな遊びに興味を示し、材料を活用して遊び方を工夫し、友達にも伝えていた。
・12月の母親面談の際、子どもへの接し方が強かったので、本児を受け入れるように話し合った。⑪
・3学期のお正月遊びでは、ルールを守って遊ぼうとする姿が見られた。また年少児への接し方も穏やかになり、思いやる気持ちが育ってきた。⑫⑬ |

6

補助簿・記録簿、家庭連絡、原簿・抄本について

....

1 補助簿・記録簿について
2 家庭連絡について
3 原簿・抄本について

6 補助簿・記録簿、家庭連絡、原簿・抄本について

補助簿・記録簿について

(1) 補助簿・記録簿・教務手帳の意義

　幼稚園教育要領では、『……幼児一人一人の行動の理解と予想に基づき、計画的に環境を構成し……また、幼児一人一人の活動の場面に応じて、様々な役割を果たし、その活動を豊かにしなければならない。』(「第1章総則 第1幼稚園教育の基本」)と述べている。

　幼稚園幼児指導要録では、〈指導に関する記録〉の「指導上参考となる事項」の欄については「1年間の指導の過程と幼児の発達の姿」を記録するようになっている。つまり、幼児教育においては、一人ひとりの発達する姿を適切に理解し、記録することが重要であるとしている。そのため、幼児の実態及び幼児を取り巻く状況の変化などに即して詳細に記録していくことが必要である。

　特に学年末に記入する「指導上参考となる事項」については、年間における記録がなされていなければ記述することはできない。したがって、日頃から個々の幼児について、気づいたことや印象に残ったこと、特に変化した時のことなどを詳細に記録する習慣を身に付けていくことが大切である。

　各園では、それらを記録しておくことのできる表簿が必要で、一般にはこの表簿のことを、補助簿や記録簿、または教務手帳などと呼んでいる。

　これらは、当該幼児に対する適切な指導や実態、及び幼児を取り巻く状況の変化並びに環境構成をする際の資料であること、〈指導に関する記録〉を記入する際に、年間を通じての変化の過程を適切に捉えることのできるものであること、さらには、個人面談や家庭訪問及び次年度の教育課程の編成資料としての役割など、園や教師にとってたいへん重要

な資料となるものである。

（２）補助簿等作成の注意点

　記録には、幼児に対する自分の見方や保育の考え方などが反映されることが多い。保育の状況を日々記録し、省察することで、自らの保育を評価し、反省し、理解することが必要である。そのため、毎日の生活に現れる幼児の様々な気持ちや興味、関心、欲求やそれらを支える背景を捉え、なるべく詳細に記述しておくことが求められる。また、教師の幼児に対する関わりや幼児期の気持ちのやり取りまでを読み取ることのできる記録とするためには、なるべく継続的に記録していくこと。そして、記述に際しては、表面的な動きやありようだけを記録するのではなく、その時に教師が感じ取ったことも詳細に記録するよう心がけることが大切である。

　記入にあたっては、次のようなことに心がけるとよいだろう。
- 一人ひとりの幼児が伸びようとする方向を捉えて記録する。
- 目の前に広がる状況だけを記述することなく、幼児一人ひとりの内面にある動きを読み取って記録する。
- 直面している状況の背景を記録するよう心がける。
- 継続の中で、変化を捉えて記録する（変化の過程を明らかにする）。
- 互いに影響し合う姿を捉えていくために、集団の中での姿、個人としての姿の両面から記録する。
- 記録する際には、その子への教師の課題（何について見ようとしているのか）を明確にし、記録する。
- チームティーチングや保育カンファレンスなどを通して、教師集団や園長などと話し合いをもつことで、より適切な理解につなげるようにし、記録する。

（3）補助簿等の形式

　補助簿は、日々の保育の出来事を記録したり、記録を積み重ねて整理する中で、これまでの保育を振り返ったり、個々の子どもの姿を捉え直す資料として活用することができる。形式としては、各園や個人によって様々だが、随時記録していくものと、一定の期間（学期や期）ごとに記録し整理していくものとがある。

　補助簿・記録簿の形式は、特に定められているものがあるわけではないので、それぞれの現場において創意工夫されるとよい。ただ、教務手帳などのように市販されているものの中には、補助簿的役割を兼ね備え、記録しやすく工夫されたものもあるので、それらを活用するのもひとつの方法である。

A「教務手帳」の例（個人記録のページ）　　　（→ P.163）
- 幼児の園での様子と教師の反省や評価を記入し、さらに、幼児の姿を「具体的な興味や関心」「遊びの傾向」「生活への取り組み方」「健康の状況」などに分けて記録するもので、個人面談や家庭訪問などの資料として役立てていくことができるように工夫されている。

B 自由記入式
- ノートを使用して、自由に記録する形式のもの。
- その他、学級担任者だけの記入に限らず、いつでもだれでも気づいたことを自由に記入できる体制を作り、保管場所を選び、記録をつけている園もある。

1 補助簿・記録簿について

「教務手帳」（鈴木出版／刊）より

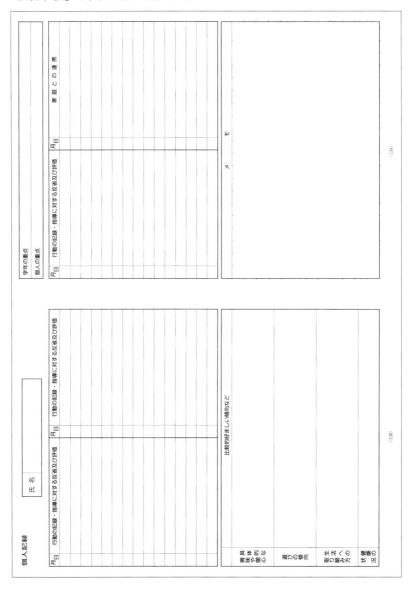

6　補助簿・記録簿、家庭連絡、原簿・抄本について

2　家庭連絡について

（1）家庭連絡の必要性

　家庭における生活では、何不自由なく、満たされた家族愛に支えられ、自由に自己を発揮し、時には気ままな振る舞いも多々見られる幼児が、園の集団生活で他者の中で自己を発揮していくのに戸惑いを感じている場合が少なくない。

　もちろん、中には家庭でも園でも表面的にはあまり変わらない姿を見せる子もいる。しかし、根本的に、家庭と園では環境に大きな違いをもつことから、心の動きや態度など細かな点において教師として十分に把握しておかなくてはならないことがたくさんある。

　例えば、子どもの性格や興味の方向をいろいろな視点から捉えていけるよう、毎日の生活の中で、園での興味や関心が家庭でどのように継続されているのか、また、家庭での遊びが園でどのように展開されているのかなど、その子一人ひとりの欲求に応じた方向を知る意味からも園と家庭とが緊密に連絡を取り合っていくことが必要となる。

　そして、家庭と園とが互いに連携できるよう、こまめな情報のやり取りや、時には、保護者や地域の人々との交流を交えながら、一人ひとりの成長発達を見つめ、保護者との信頼関係を築いていくことが大切である。

（2）家庭連絡の方法

　園から家庭に向けての連絡、また、家庭から園への連絡には様々な方法が考えられる。

A：園、学年またはクラス全体に関するもの
●園だより、学年だより、クラスだよりなど

●子育て支援情報誌など
●保護者会、子育て支援講演会、懇談会
●保育参観
●地域情報誌の発行や掲示、放送、その他
●写真やビデオ、インターネット、SNSなど

B：個人に関するもの
●生活調査票、健康記録など
●家庭訪問
●連絡帳（日々の連絡）、園生活の記録（月または学期の連絡）など
●個人面談
●口頭連絡、電話、Eメール、その他

　これらの方法は、伝える内容や個人、集団などによって種々選択されるもので、ひとつだけで家庭との連携が図れるものではなく、いくつかを組み合わせたり、そのときどきで最も効果的な方法を試みたりしながら、その園に即した独自性のある相互的手段を考えていくことが大切である。こうした情報のやり取りが、園と家庭との信頼関係を築き、やがては地域を巻き込んだ信頼される園へと発展していく。

（3）家庭連絡簿の使用法

　連絡帳や家庭連絡簿などの取り扱いについては、幼児の成長発達を支えていくために、最も効果的な使用法が選択されていくべきで、例えば、家庭からの急な連絡事項などは、連絡帳を直接学級担任者に手渡してもらったり、またはバスに乗務している職員に手渡したりするなど、即日対応できる連絡体制が大切である。
　バス通園の園においては、日々のちょっとした連絡（体調、早退等）でも連絡帳などの書面が必要となるが、徒歩通園では、登園時や降園時

6　補助簿・記録簿、家庭連絡、原簿・抄本について

などに直接口頭で伝え合うことができる。しかし、その場合も時間や場所などを考慮し、保育が中断されないようにする注意が必要である。

　連絡帳は市販されているものを含め、様々な形式のものがあるが、既製のものを使う場合でも、各園の実状に応じた使用方法を明記するなどの配慮が必要である。

　また、市販のノートなどを用いて各家庭に配布し、園から家庭に通知をしたり、また、家庭での子どもの様子などを記入してもらったりして、定期的な情報交換を行っている園もある。

　また、不定期の園だよりを頻繁に発行し、その中で幼児のエピソードなどを取り上げ、実名で記載すれば、その都度わが子の園での様子が伝わり、個人記録や家庭連絡の役割を果たすこともできる。しかし、実名を挙げていく場合は、特定児に偏ることのないよう配慮するとともに、その内容にも十分考慮する必要がある。なおその際、当該幼児の人権などに十分留意して取り上げるようにすることが必要である。

　さらに、園全体に対する情報などは、インターネットのホームページを活用したり、個人に対してＥメール等を活用したりと、家庭と園がリアルタイムに情報のやり取りをしていくことも期待されている。

　この他、園での様子などをデジタルカメラで撮影し、即日保護者に提供したり、簡単なアルバムなどを作成し、日付とともにその時の出来事を記述したりすることで、立派な連絡帳の役目を果たすものとなる。さらに、写真に撮れなかった出来事なども書き加えていけば、個々の成長の記録として役立てていくことができる。

　その他、夏期のプールやお泊まり会などでの健康に関する情報は、必ず保護者と書面で確認するなど、間違いのない確実な連絡方法を各園で工夫することが大切である。

原簿・抄本について

進学先への抄本送付

　幼児がその課程を修了して小学校へ進学する場合、園長は、該当幼児の幼稚園幼児指導要録の抄本または写しを作成して、進学先の学校長へ送付する必要があり、送付を受けた小学校は、小学校の教育にそれを十分活用させることになっている。

　小学校に送付する幼稚園幼児指導要録は、〈学籍に関する記録〉及び〈最終学年の指導に関する記録〉の２枚である。〈最終学年の指導に関する記録〉の記入にあたっては、特に小学校等における児童の指導に生かされるよう、幼稚園教育要領 第１章総則に示された「幼児期の終わりまでに育ってほしい姿」を活用して幼児に育まれている資質・能力を捉え、指導の過程と育ちつつある姿をわかりやすく記入するよう求められている。

　なお、抄本を作成・送付する際には、下記の事項を抄本に記載することが望ましいと考える。

＜抄本への記載事項＞

　抄本の記載については、おおむね次の事項を含むものとする。
①園名及び所在地
②幼児の氏名、現住所、生年月日、性別
③入園年月日、修了年月日
④〈最終学年の指導に関する記録〉の写し
⑤〈学籍等に関する記録〉の中で、将来の指導上必要と思われるものがある場合は、その事項

6 　補助簿・記録簿、家庭連絡、原簿・抄本について

〈既製の用紙の例〉

7 指導要録 Q&A

（1）指導要録について
（2）〈学籍に関する記録〉について
（3）〈指導に関する記録〉について
（4）その他

7　指導要録 Q&A

　指導要録の記入にあたって、先生方からこれまでにお寄せいただいた様々な質問を、Q&A形式にして、わかりやすくまとめてみました。
※別項で詳しく紹介している場合は、ページを示しています。

(1) 指導要録について

Q1

指導要録は、必ず作成しなければならないものでしょうか？

A　公の認可施設であるならば、学校教育法施行規則第24条（➡ P.192）によって作成するよう規定されていますので、幼児一人ひとりに対して、指導要録の〈学籍に関する記録〉〈指導に関する記録〉とも作成しなければなりません。

Q2

指導要録の抄本または写しを、当該幼児の進学先の校長に送付しなければならないのでしょうか？　　　　　　　　　　　　　　　（➡ P.17）

A　学校教育法施行規則第24条②（➡ P.192）に、当該幼児の抄本または写しを作成し、進学先の校長に送付しなければならない、と規定されていますので、送付しなければなりません。
なお、〈指導に関する記録〉については、〈最終学年の指導に関する記録〉の抄本または写しを送付します。

(1) 指導要録について

Q3

進学先へは、やはり抄本を作成して送付したほうがよいのでしょうか？

(➡ P.17)

A 学校教育法施行規則第24条②（➡ P.192）により、指導要録の写しでもよいとされています。指導要録の写しとは、指導要録のコピーでもよいということです。

Q4

指導要録は何年保存しなければならないのでしょうか？

(➡ P.15)

A 修了した翌日から、〈学籍に関する記録〉は20年間、〈指導に関する記録〉は5年間です。

Q5

幼児が転園した場合、指導要録はどのように作成したらよいのでしょうか？

(➡ P.16)

A 原簿の写し（コピー可）を作成し、転園先の園長に送付します。〈学籍に関する記録〉は「転入園」、「修了」の欄以外は記入します。〈指導に関する記録〉は転園時までの必要事項を記入します。在園した期間にもよりますが、入園当初より著しい発達が見られた箇所があれば、伝えておきたい幼児の姿を「指導上参考となる事項」欄に記入しておきます。記入しきれない場合は、指導要録とは別の用紙等に記入して送付してもよいでしょう。

171

Q6

転入園の際の指導要録はどのように作成すればよいのですか？

(➡ P.16)

A 入園した旨とその期日をすみやかに前園の園長に連絡し、当該幼児の指導要録の写しを受けます。その際、園長は新たな指導要録を作成するものとし、送付を受けた写しと一緒に綴じて保存しておきます。

Q7

転退園児の指導要録はどのように処置しておけばよいのでしょうか？

(➡ P.17)

A 在園児の要録とは別にし、「転・退園児要録綴り」を作成するなどして、保存しておきます。その時の保存期間は、指導要録と同じです。

Q8

訂正、変更の場合、認印を押す必要があるのはどんな時でしょうか？

(➡ P.29)

A 書き間違いなどの誤記の時は、2本線を引き、その部分に訂正者の認印を押して責任を明らかにしますが、住所変更など書き間違いでない場合の訂正では、2本線を引くだけで認印を押す必要はありません。

（2）〈学籍に関する記録〉について

Q9

「整理番号」の欄には、どの番号を記入するのでしょうか？

（→ P.22）

 そのクラス内での男女別に氏名の50音順、生年月日順などでつけた番号を整理番号としています。一定のきまりはありませんが、それぞれの園で統一した方がよいでしょう。

Q10

「整理番号」の欄で、退園などで欠番が出た場合の記入はどうしたらよいのですか？

 初めに決めた番号を変更する必要はなく、欠番のままにしておきます。

Q11

「幼稚園名及び所在地」の欄で、都道府県名まで記入する必要があるのでしょうか？

（→ P.29）

 混同しやすい市町村名がありますので、園名及び所在地とも都道府県名から記入した方がよいでしょう。

Q12

「幼稚園名及び所在地」の記入は「ゴム印等を使用してもよい」となっていますが、ゴム印に〔私立〕と入っていなければ、手書きで書き加える必要があるのでしょうか？ また、電話番号を記入する必要はあるのでしょうか？

 幼稚園の設置形態・類似幼稚園名の区別を明確にする意味でも、〔私立〕と書き加えた方がよいと思われます。
電話番号を書く必要はありませんが、問い合わせなどの時にあれば便利なので、書いても差し支えありません。

Q13

「年度」の欄の記入は、左右どちらにそろえた方がよいのでしょうか？
また、途中入園の場合はどうしたらよいのでしょうか？

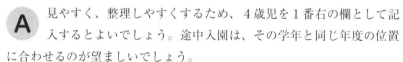 見やすく、整理しやすくするため、4歳児を1番右の欄として記入するとよいでしょう。途中入園は、その学年と同じ年度の位置に合わせるのが望ましいでしょう。

Q14

「学級担任者氏名印」の欄で1クラスに担任が2人いる場合は、どのように記入すればよいのでしょうか？

(➡ P.31)

A 5月1日現在の学校基本調査票の教員調べの欄で、教諭として届け出をしてあれば、2人の氏名を記入し、押印します。臨時教員の場合は、氏名を併記します。

(2)〈学籍に関する記録〉について

Q15

途中入園と転入園の違いを教えてください。

A 途中入園とは、年度の途中、あるいは年度初めでも、就園経験のない幼児が入園すること、また、学校教育法に位置づけのない保育所などから幼稚園に入園する場合をいい、「入園」の欄に入園日を記入します。

転入園とは、時期がいつであっても、幼稚園から幼稚園に移ってくる場合をいい、入園日は「転入園」の欄に記入します。

Q16

転出→転入の間が何か月もあいた場合でも転入園でよいのでしょうか？

A 転入園では日にちをあけないのが原則です。多少の期間なら、双方の園長同士の了解の上で転入園とすることもありますが、長期間になると転入園という形ではなく、退園し、新たに入園ということになります。

Q17

「入園前の状況」の欄では、どのようなことまで記入すればよいのでしょうか？

(→ P.27)

A 保育所、児童館、その他の集団保育施設などで、公的性格の強い施設、また、外国で幼稚園、保育所に通っていた場合は記入します。

塾や習いごとなどに行っていたことなどは書く必要はありません。

Q18

退園した児童の退園事由は、どこに記入したらよいのですか？

（→ P.28）

 〈学籍に関する記録〉の「進学先等」の欄に記入します。

（3）〈指導に関する記録〉について

Q19

「指導の重点等」の欄は、どんなことを記入するのですか？

（→ P.35、42 〜 43）

 この欄は、2つの項目を記入します。ひとつは、それぞれの園の教育課程に基づいて設定される、学年別の重点。もうひとつは、個々の幼児の発達の姿から、特に重視してきた個人の重点です。

Q20

学年及び個人の重点の記入の時期は、いつがよいのでしょうか？

（→ P.35、42 〜 43）

「学年の重点」はその年度の教育課程に基づき、学年の初めに記入します。

「個人の重点」は、特に1年間を通じて指導上重視してきた点を学年末に記入します。

（3）〈指導に関する記録〉について

Q21

「指導上参考となる事項」の欄では、通知により『当該幼児の発達の実情から向上が著しいと思われるもの』を記入することとなっていますが、著しい発達とはどのような状態をいうのでしょうか？

(➡ P.44、144)

A　ここで注意しなければならないことは、他の幼児との比較や、一定の基準に対する達成度についての評定によって捉えるものではないということです。
個々の幼児の発達過程の違いを十分に考慮した上で、学年の初めの発達の姿と比べた時に、その幼児の発達の姿に大きな変化・変容が見られた状態を、著しい発達と捉えてください。

Q22

「指導上参考となる事項」の欄には、どんなことを記入すればよいのでしょうか？

(➡ P.36、44〜48)

A　幼児の発達の姿が的確に捉えられている内容がよいわけですが、具体的には、学年の初めの姿、1年間の発達の姿、個人の重点からなお次年度に伝えたいこと、健康上のこと、家庭状況などが考えられます。狭いスペースを有効に活用し、発達の姿がわかる範囲内の主な事例にしぼって、記入するとよいでしょう。

7 指導要録 Q&A

Q23

指導要録＜最終学年の指導に関する記録＞で、「指導上参考となる事項」の欄への記入で気をつけることはどんなことがありますか？

（➡ P.108 ～ 111）

A 最終学年の記入に当たっては、特に小学校等における児童の指導に生かされるよう、「幼児期の終わりまでに育ってほしい姿」を活用して幼児に育まれている資質・能力を捉え、指導の過程と育ちつつある姿を全体的、総合的にわかりやすく記入します。

Q24

「備考」の欄には、どのようなことを記入すればよいのでしょうか？

（➡ P.38）

A 教育課程に係る教育時間の終了後に行う教育活動を行っている場合には、必要に応じて活動を通した幼児の姿を記入します。また、病気やけがなどで欠席が長期にわたったもの、出席停止や忌引の期間と理由も一緒に記入します。また、〔皆勤〕なのに教育日数と出席日数が合致しない場合があると困りますので、「学級閉鎖○日」「台風のため○日臨時休園」等は、全員の要録に記入するようにしてください。

(4) その他

Q25

満3歳児の「学年の重点」の取り扱いは、どのようにしたらよいのでしょうか？

A 各園の満3歳児の受け入れ方によって2通り考えられます。
①満3歳児を3歳児のクラスに入れて対応する場合は、発達上に問題がないなら3歳児の「学年の重点」を活用します。あるいは別に満3歳児にふさわしい「学年の重点」を設けたりします。
②満3歳入園児のクラスを独立させて受け入れる場合は、満3歳児にふさわしい「学年の重点」を記入します。

（4）その他

Q26

外国の日本人幼稚園に移る時は、どのような扱いになるのでしょうか？

 A 日本の教育制度と変わらない場合は、転園の処置が可能な場合がありますが、そうでない場合は退園となります。

Q27

転勤などで、外国の幼稚園に移る時は、どうなるのですか？

A 国内でしたら幼稚園から幼稚園に移るのですから転園になるのですが、日本の幼稚園と外国の幼稚園では教育制度（入学時期、教育週数など）が違うため、転園になりません。退園ということになります。ただし、日本の幼稚園でも外国の幼稚園でも、教育を受けたことを証明する認定書（在園証明書など）を出すことができます。

7　指導要録Q&A

Q28

学校保健安全法施行規則に規定された以外の感染症（溶連菌感染症、手足口病、伝染性紅斑＝リンゴ病、伝染性軟属腫＝水いぼ）などは、出席停止扱いになるのでしょうか？

A これらは、ケースバイケースで処理しているようですので、医師や園医の判断に任せましょう。229ページ以降に感染症の種類と出席停止の期間の基準等を掲載しましたので参照してください。

Q29

忌引についてですが、父母の実家など遠距離のケースがあって、1日のみの忌引では無理な場合が生じますが、どうしたらよいのでしょうか？
（➡ P.39）

A 各園での取り決めによりますが、遠距離の場合などは前後1日を忌引に含めることも考えられます。

Q30

指導要録〈学籍に関する記録〉〈指導に関する記録〉の記入上のことですが、パソコンで記述したものをプリントアウトした指導要録の有効性はあるものなのでしょうか？　また、ディスク等で保存してもよいのでしょうか？
（➡ P.20）

A 情報通信技術（パソコン等）を活用して指導要録を作成等する場合もあると思いますが、プライバシー保護・個人情報の漏えい等の観点から慎重な取り扱いが望まれます。なお、指導要録の取り扱いは市町村等によって異なる場合が想定されますので教育委員会等に確認することが肝要です。

180

Q31

情報公開法が施行されたことにともなって、指導要録の閲覧を要求された時はその要求に応じなければならなくなりました。どこまでの範囲で閲覧に応じなければならないのでしょうか？

A 各都道府県の教育委員会が示している考え方・対応にしたがってください。近い将来、全面的な開示が予想されます。〈学籍に関する記録〉は、事実を記述するものですし、〈指導に関する記録〉においても、閲覧されても支障のない表現方法で記述がなされていれば、全面的な開示になっても問題は起きないものと考えます。

8 付録

- ◆ 教育基本法
- ◆ 学校教育法（抄）
- ◆ 学校教育法施行規則（抄）
- ◆ 幼稚園教育要領
- ◆ 幼稚園及び特別支援学校幼稚部における指導要録の改善について（通知）
- ◆ 出席停止について
- ◆ 学校保健安全法施行規則（抄）

教育基本法 　　平成18年12月22日法律第120号

　我々日本国民は、たゆまぬ努力によって築いてきた民主的で文化的な国家を更に発展させるとともに、世界の平和と人類の福祉の向上に貢献することを願うものである。

　我々は、この理想を実現するため、個人の尊厳を重んじ、真理と正義を希求し、公共の精神を尊び、豊かな人間性と創造性を備えた人間の育成を期するとともに、伝統を継承し、新しい文化の創造を目指す教育を推進する。

　ここに、我々は、日本国憲法の精神にのっとり、我が国の未来を切り拓（ひら）く教育の基本を確立し、その振興を図るため、この法律を制定する。

第1章　教育の目的及び理念

（教育の目的）
第1条　教育は、人格の完成を目指し、平和で民主的な国家及び社会の形成者として必要な資質を備えた心身ともに健康な国民の育成を期して行われなければならない。

（教育の目標）
第2条　教育は、その目的を実現するため、学問の自由を尊重しつつ、次に掲げる目標を達成するよう行われるものとする。
1　幅広い知識と教養を身に付け、真理を求める態度を養い、豊かな情操と道徳心を培うとともに、健やかな身体を養うこと。
2　個人の価値を尊重して、その能力を伸ばし、創造性を培い、自主及び自律の精神を養うとともに、職業及び生活との関連を重視し、勤労を重んずる態度を養うこと。
3　正義と責任、男女の平等、自他の敬愛と協力を重んずるとともに、

公共の精神に基づき、主体的に社会の形成に参画し、その発展に寄与する態度を養うこと。
4　生命を尊び、自然を大切にし、環境の保全に寄与する態度を養うこと。
5　伝統と文化を尊重し、それらをはぐくんできた我が国と郷土を愛するとともに、他国を尊重し、国際社会の平和と発展に寄与する態度を養うこと。

（生涯学習の理念）
第3条　国民一人一人が、自己の人格を磨き、豊かな人生を送ることができるよう、その生涯にわたって、あらゆる機会に、あらゆる場所において学習することができ、その成果を適切に生かすことのできる社会の実現が図られなければならない。

（教育の機会均等）
第4条　すべて国民は、ひとしく、その能力に応じた教育を受ける機会を与えられなければならず、人種、信条、性別、社会的身分、経済的地位又は門地によって、教育上差別されない。
2　国及び地方公共団体は、障害のある者が、その障害の状態に応じ、十分な教育を受けられるよう、教育上必要な支援を講じなければならない。
3　国及び地方公共団体は、能力があるにもかかわらず、経済的理由によって修学が困難な者に対して、奨学の措置を講じなければならない。

第2章　教育の実施に関する基本

（義務教育）
第5条　国民は、その保護する子に、別に法律で定めるところにより、普通教育を受けさせる義務を負う。
2　義務教育として行われる普通教育は、各個人の有する能力を伸ばし

つつ社会において自立的に生きる基礎を培い、また、国家及び社会の形成者として必要とされる基本的な資質を養うことを目的として行われるものとする。
3　国及び地方公共団体は、義務教育の機会を保障し、その水準を確保するため、適切な役割分担及び相互の協力の下、その実施に責任を負う。
4　国又は地方公共団体の設置する学校における義務教育については、授業料を徴収しない。

（学校教育）
第6条　法律に定める学校は、公の性質を有するものであって、国、地方公共団体及び法律に定める法人のみが、これを設置することができる。
2　前項の学校においては、教育の目標が達成されるよう、教育を受ける者の心身の発達に応じて、体系的な教育が組織的に行われなければならない。この場合において、教育を受ける者が、学校生活を営む上で必要な規律を重んずるとともに、自ら進んで学習に取り組む意欲を高めることを重視して行われなければならない。

（大学）
第7条　大学は、学術の中心として、高い教養と専門的能力を培うとともに、深く真理を探究して新たな知見を創造し、これらの成果を広く社会に提供することにより、社会の発展に寄与するものとする。
2　大学については、自主性、自律性その他の大学における教育及び研究の特性が尊重されなければならない。

（私立学校）
第8条　私立学校の有する公の性質及び学校教育において果たす重要な役割にかんがみ、国及び地方公共団体は、その自主性を尊重しつつ、助成その他の適当な方法によって私立学校教育の振興に努めなければならない。

（教員）
第9条　法律に定める学校の教員は、自己の崇高な使命を深く自覚し、絶えず研究と修養に励み、その職責の遂行に努めなければならない。
2　前項の教員については、その使命と職責の重要性にかんがみ、その身分は尊重され、待遇の適正が期せられるとともに、養成と研修の充実が図られなければならない。

（家庭教育）
第10条　父母その他の保護者は、子の教育について第一義的責任を有するものであって、生活のために必要な習慣を身に付けさせるとともに、自立心を育成し、心身の調和のとれた発達を図るよう努めるものとする。
2　国及び地方公共団体は、家庭教育の自主性を尊重しつつ、保護者に対する学習の機会及び情報の提供その他の家庭教育を支援するために必要な施策を講ずるよう努めなければならない。

（幼児期の教育）
第11条　幼児期の教育は、生涯にわたる人格形成の基礎を培う重要なものであることにかんがみ、国及び地方公共団体は、幼児の健やかな成長に資する良好な環境の整備その他適当な方法によって、その振興に努めなければならない。

（社会教育）
第12条　個人の要望や社会の要請にこたえ、社会において行われる教育は、国及び地方公共団体によって奨励されなければならない。
2　国及び地方公共団体は、図書館、博物館、公民館その他の社会教育施設の設置、学校の施設の利用、学習の機会及び情報の提供その他の適当な方法によって社会教育の振興に努めなければならない。

（学校、家庭及び地域住民等の相互の連携協力）
第13条　学校、家庭及び地域住民その他の関係者は、教育におけるそれぞれの役割と責任を自覚するとともに、相互の連携及び協力に努めるものとする。

（政治教育）
第14条　良識ある公民として必要な政治的教養は、教育上尊重されなければならない。
2　法律に定める学校は、特定の政党を支持し、又はこれに反対するための政治教育その他政治的活動をしてはならない。
（宗教教育）
第15条　宗教に関する寛容の態度、宗教に関する一般的な教養及び宗教の社会生活における地位は、教育上尊重されなければならない。
2　国及び地方公共団体が設置する学校は、特定の宗教のための宗教教育その他宗教的活動をしてはならない。

第3章　教育行政

（教育行政）
第16条　教育は、不当な支配に服することなく、この法律及び他の法律の定めるところにより行われるべきものであり、教育行政は、国と地方公共団体との適切な役割分担及び相互の協力の下、公正かつ適正に行われなければならない。
2　国は、全国的な教育の機会均等と教育水準の維持向上を図るため、教育に関する施策を総合的に策定し、実施しなければならない。
3　地方公共団体は、その地域における教育の振興を図るため、その実情に応じた教育に関する施策を策定し、実施しなければならない。
4　国及び地方公共団体は、教育が円滑かつ継続的に実施されるよう、必要な財政上の措置を講じなければならない。
（教育振興基本計画）
第17条　政府は、教育の振興に関する施策の総合的かつ計画的な推進を図るため、教育の振興に関する施策についての基本的な方針及び講ずべき施策その他必要な事項について、基本的な計画を定め、これを国会

に報告するとともに、公表しなければならない。
2　地方公共団体は、前項の計画を参酌し、その地域の実情に応じ、当該地方公共団体における教育の振興のための施策に関する基本的な計画を定めるよう努めなければならない。

第4章　法令の制定

第18条　この法律に規定する諸条項を実施するため、必要な法令が制定されなければならない。

学校教育法（抄）

昭和 22 年 3 月 31 日法律第 26 号
一部改正：平成 29 年 5 月 31 日法律第 41 号

第 3 章　幼稚園

第 22 条　幼稚園は、義務教育及びその後の教育の基礎を培うものとして、幼児を保育し、幼児の健やかな成長のために適当な環境を与えて、その心身の発達を助長することを目的とする。

第 23 条　幼稚園における教育は、前条に規定する目的を実現するため、次に掲げる目標を達成するよう行われるものとする。
1　健康、安全で幸福な生活のために必要な基本的な習慣を養い、身体諸機能の調和的発達を図ること。
2　集団生活を通じて、喜んでこれに参加する態度を養うとともに家族や身近な人への信頼感を深め、自主、自律及び協同の精神並びに規範意識の芽生えを養うこと。
3　身近な社会生活、生命及び自然に対する興味を養い、それらに対する正しい理解と態度及び思考力の芽生えを養うこと。
4　日常の会話や、絵本、童話等に親しむことを通じて、言葉の使い方を正しく導くとともに、相手の話を理解しようとする態度を養うこと。
5　音楽、身体による表現、造形等に親しむことを通じて、豊かな感性と表現力の芽生えを養うこと。

第 24 条　幼稚園においては、第 22 条に規定する目的を実現するための教育を行うほか、幼児期の教育に関する各般の問題につき、保護者及び地域住民その他の関係者からの相談に応じ、必要な情報の提供及び助言を行うなど、家庭及び地域における幼児期の教育の支援に努めるものとする。

第 25 条　幼稚園の教育課程その他の保育内容に関する事項は、第 22 条

及び第23条の規定に従い、文部科学大臣が定める。
第26条　幼稚園に入園することのできる者は、満3歳から、小学校就学の始期に達するまでの幼児とする。

第8章　特別支援教育

第81条　幼稚園、小学校、中学校、義務教育学校、高等学校及び中等教育学校においては、次項各号のいずれかに該当する幼児、児童及び生徒その他教育上特別の支援を必要とする幼児、児童及び生徒に対し、文部科学大臣の定めるところにより、障害による学習上又は生活上の困難を克服するための教育を行うものとする。
（第2項及び第3項　略）

学校教育法施行規則(抄)

昭和 22 年 5 月 23 日 文部省令第 11 号
一部改正：平成 29 年 9 月 13 日 文部科学省令第 36 号

第 1 章　総　則

第 3 節　管理

第 24 条　校長は、その学校に在学する児童等の指導要録（学校教育法施行令第 31 条に規定する児童等の学習及び健康の状況を記録した書類の原本をいう。以下同じ。）を作成しなければならない。

②校長は、児童等が進学した場合においては、その作成に係る当該児童等の指導要録の抄本又は写しを作成し、これを進学先の校長に送付しなければならない。

③校長は、児童等が転学した場合においては、その作成に係る当該児童等の指導要録の写しを作成し、その写し（転学してきた児童等については転学により送付を受けた指導要録（就学前の子どもに関する教育、保育等の総合的な提供の推進に関する法律施行令（平成 26 年政令第 203 号）第 8 条に規定する園児の学習及び健康の状況を記録した書類の原本を含む。）の写しを含む。）及び前項の抄本又は写しを転学先の校長、保育所の長又は認定こども園の長に送付しなければならない。

第 28 条　学校において備えなければならない表簿は、概ね次のとおりとする。

1　学校に関係のある法令
2　学則、日課表、教科用図書配当表、学校医執務記録簿、学校歯科医執務記録簿、学校薬剤師執務記録簿及び学校日誌
3　職員の名簿、履歴書、出勤簿並びに担任学級、担任の教科又は科目及び時間表

4　指導要録、その写し及び抄本並びに出席簿及び健康診断に関する表簿
5　入学者の選抜及び成績考査に関する表簿
6　資産原簿、出納簿及び経費の予算決算についての帳簿並びに図書機械器具、標本、模型等の教具の目録
7　往復文書処理簿

②前項の表簿（第24条第2項の抄本又は写しを除く。）は、別に定めるもののほか、5年間保存しなければならない。ただし、指導要録及びその写しのうち入学、卒業等の学籍に関する記録については、その保存期間は、20年間とする。

③学校教育法施行令第31条の規定により指導要録及びその写しを保存しなければならない期間は、前項のこれらの書類の保存期間から当該学校においてこれらの書類を保存していた期間を控除した期間とする。

第3章　幼稚園

第36条　幼稚園の設備、編制その他設置に関する事項は、この章に定めるもののほか、幼稚園設置基準（昭和31年文部省令第32号）の定めるところによる。

第37条　幼稚園の毎学年の教育週数は、特別の事情のある場合を除き、39週を下ってはならない。

第38条　幼稚園の教育課程その他の保育内容については、この章に定めるもののほか、教育課程その他の保育内容の基準として文部科学大臣が別に公示する幼稚園教育要領によるものとする。

幼稚園教育要領

平成 29 年 3 月 31 日　文部科学省告示第 62 号

　学校教育法施行規則（昭和 22 年文部省令第 11 号）第 38 条の規定に基づき、幼稚園教育要領（平成 20 年文部科学省告示第 26 号）の全部を次のように改正し、平成 30 年 4 月 1 日から施行する。

目次
　前文
　第 1 章　総則
　　第 1　幼稚園教育の基本
　　第 2　幼稚園教育において育みたい資質・能力及び「幼児期の終わりまでに育ってほしい姿」
　　第 3　教育課程の役割と編成等
　　第 4　指導計画の作成と幼児理解に基づいた評価
　　第 5　特別な配慮を必要とする幼児への指導
　　第 6　幼稚園運営上の留意事項
　　第 7　教育課程に係る教育時間終了後等に行う教育活動など
　第 2 章　ねらい及び内容
　　健康
　　人間関係
　　環境
　　言葉
　　表現
　第 3 章　教育課程に係る教育時間の終了後等に行う教育活動などの留意事項

教育は、教育基本法第1条に定めるとおり、人格の完成を目指し、平和で民主的な国家及び社会の形成者として必要な資質を備えた心身ともに健康な国民の育成を期すという目的のもと、同法第2条に掲げる次の目標を達成するよう行われなければならない。
1　幅広い知識と教養を身に付け、真理を求める態度を養い、豊かな情操と道徳心を培うとともに、健やかな身体を養うこと。
2　個人の価値を尊重して、その能力を伸ばし、創造性を培い、自主及び自律の精神を養うとともに、職業及び生活との関連を重視し、勤労を重んずる態度を養うこと。
3　正義と責任、男女の平等、自他の敬愛と協力を重んずるとともに、公共の精神に基づき、主体的に社会の形成に参画し、その発展に寄与する態度を養うこと。
4　生命を尊び、自然を大切にし、環境の保全に寄与する態度を養うこと。
5　伝統と文化を尊重し、それらをはぐくんできた我が国と郷土を愛するとともに、他国を尊重し、国際社会の平和と発展に寄与する態度を養うこと。
　また、幼児期の教育については、同法第11条に掲げるとおり、生涯にわたる人格形成の基礎を培う重要なものであることにかんがみ、国及び地方公共団体は、幼児の健やかな成長に資する良好な環境の整備その他適当な方法によって、その振興に努めなければならないこととされている。
　これからの幼稚園には、学校教育の始まりとして、こうした教育の目的及び目標の達成を目指しつつ、一人一人の幼児が、将来、自分のよさや可能性を認識するとともに、あらゆる他者を価値のある存在として尊重し、多様な人々と協働しながら様々な社会的変化を乗り越え、豊かな人生を切り拓き、持続可能な社会の創り手となることができるようにするための基礎を培うことが求められる。このために必要な教育の在り方

を具体化するのが、各幼稚園において教育の内容等を組織的かつ計画的に組み立てた教育課程である。

　教育課程を通して、これからの時代に求められる教育を実現していくためには、よりよい学校教育を通してよりよい社会を創るという理念を学校と社会とが共有し、それぞれの幼稚園において、幼児期にふさわしい生活をどのように展開し、どのような資質・能力を育むようにするのかを教育課程において明確にしながら、社会との連携及び協働によりその実現を図っていくという、社会に開かれた教育課程の実現が重要となる。

　幼稚園教育要領とは、こうした理念の実現に向けて必要となる教育課程の基準を大綱的に定めるものである。幼稚園教育要領が果たす役割の一つは、公の性質を有する幼稚園における教育水準を全国的に確保することである。また、各幼稚園がその特色を生かして創意工夫を重ね、長年にわたり積み重ねられてきた教育実践や学術研究の蓄積を生かしながら、幼児や地域の現状や課題を捉え、家庭や地域社会と協力して、幼稚園教育要領を踏まえた教育活動の更なる充実を図っていくことも重要である。

　幼児の自発的な活動としての遊びを生み出すために必要な環境を整え、一人一人の資質・能力を育んでいくことは、教職員をはじめとする幼稚園関係者はもとより、家庭や地域の人々も含め、様々な立場から幼児や幼稚園に関わる全ての大人に期待される役割である。家庭との緊密な連携の下、小学校以降の教育や生涯にわたる学習とのつながりを見通しながら、幼児の自発的な活動としての遊びを通しての総合的な指導をする際に広く活用されるものとなることを期待して、ここに幼稚園教育要領を定める。

第1章　総　則

第1　幼稚園教育の基本

　幼児期の教育は、生涯にわたる人格形成の基礎を培う重要なものであり、幼稚園教育は、学校教育法に規定する目的及び目標を達成するため、幼児期の特性を踏まえ、環境を通して行うものであることを基本とする。

　このため教師は、幼児との信頼関係を十分に築き、幼児が身近な環境に主体的に関わり、環境との関わり方や意味に気付き、これらを取り込もうとして、試行錯誤したり、考えたりするようになる幼児期の教育における見方・考え方を生かし、幼児と共によりよい教育環境を創造するように努めるものとする。これらを踏まえ、次に示す事項を重視して教育を行わなければならない。

1　幼児は安定した情緒の下で自己を十分に発揮することにより発達に必要な体験を得ていくものであることを考慮して、幼児の主体的な活動を促し、幼児期にふさわしい生活が展開されるようにすること。
2　幼児の自発的な活動としての遊びは、心身の調和のとれた発達の基礎を培う重要な学習であることを考慮して、遊びを通しての指導を中心として第2章に示すねらいが総合的に達成されるようにすること。
3　幼児の発達は、心身の諸側面が相互に関連し合い、多様な経過をたどって成し遂げられていくものであること、また、幼児の生活経験がそれぞれ異なることなどを考慮して、幼児一人一人の特性に応じ、発達の課題に即した指導を行うようにすること。

　その際、教師は、幼児の主体的な活動が確保されるよう幼児一人一人の行動の理解と予想に基づき、計画的に環境を構成しなければならない。この場合において、教師は、幼児と人やものとの関わりが重要であることを踏まえ、教材を工夫し、物的・空間的環境を構成しなければならない。また、幼児一人一人の活動の場面に応じて、様々な役割を果たし、その

活動を豊かにしなければならない。

第2　幼稚園教育において育みたい資質・能力及び「幼児期の終わりまでに育ってほしい姿」

1　幼稚園においては、生きる力の基礎を育むため、この章の第1に示す幼稚園教育の基本を踏まえ、次に掲げる資質・能力を一体的に育むよう努めるものとする。
（1）　豊かな体験を通じて、感じたり、気付いたり、分かったり、できるようになったりする「知識及び技能の基礎」
（2）　気付いたことや、できるようになったことなどを使い、考えたり、試したり、工夫したり、表現したりする「思考力、判断力、表現力等の基礎」
（3）　心情、意欲、態度が育つ中で、よりよい生活を営もうとする「学びに向かう力、人間性等」
2　1に示す資質・能力は、第2章に示すねらい及び内容に基づく活動全体によって育むものである。
3　次に示す「幼児期の終わりまでに育ってほしい姿」は、第2章に示すねらい及び内容に基づく活動全体を通して資質・能力が育まれている幼児の幼稚園修了時の具体的な姿であり、教師が指導を行う際に考慮するものである。
（1）　健康な心と体
　　　幼稚園生活の中で、充実感をもって自分のやりたいことに向かって心と体を十分に働かせ、見通しをもって行動し、自ら健康で安全な生活をつくり出すようになる。
（2）　自立心
　　　身近な環境に主体的に関わり様々な活動を楽しむ中で、しなければならないことを自覚し、自分の力で行うために考えたり、工夫したりしながら、諦めずにやり遂げることで達成感を味わい、自信をもっ

て行動するようになる。

(3) 協同性

友達と関わる中で、互いの思いや考えなどを共有し、共通の目的の実現に向けて、考えたり、工夫したり、協力したりし、充実感をもってやり遂げるようになる。

(4) 道徳性・規範意識の芽生え

友達と様々な体験を重ねる中で、してよいことや悪いことが分かり、自分の行動を振り返ったり、友達の気持ちに共感したりし、相手の立場に立って行動するようになる。また、きまりを守る必要性が分かり、自分の気持ちを調整し、友達と折り合いを付けながら、きまりをつくったり、守ったりするようになる。

(5) 社会生活との関わり

家族を大切にしようとする気持ちをもつとともに、地域の身近な人と触れ合う中で、人との様々な関わり方に気付き、相手の気持ちを考えて関わり、自分が役に立つ喜びを感じ、地域に親しみをもつようになる。また、幼稚園内外の様々な環境に関わる中で、遊びや生活に必要な情報を取り入れ、情報に基づき判断したり、情報を伝え合ったり、活用したりするなど、情報を役立てながら活動するようになるとともに、公共の施設を大切に利用するなどして、社会とのつながりなどを意識するようになる。

(6) 思考力の芽生え

身近な事象に積極的に関わる中で、物の性質や仕組みなどを感じ取ったり、気付いたりし、考えたり、予想したり、工夫したりするなど、多様な関わりを楽しむようになる。また、友達の様々な考えに触れる中で、自分と異なる考えがあることに気付き、自ら判断したり、考え直したりするなど、新しい考えを生み出す喜びを味わいながら、自分の考えをよりよいものにするようになる。

(7) 自然との関わり・生命尊重

自然に触れて感動する体験を通して、自然の変化などを感じ取り、好奇心や探究心をもって考え言葉などで表現しながら、身近な事象への関心が高まるとともに、自然への愛情や畏敬の念をもつようになる。また、身近な動植物に心を動かされる中で、生命の不思議さや尊さに気付き、身近な動植物への接し方を考え、命あるものとしていたわり、大切にする気持ちをもって関わるようになる。
(8) 数量や図形、標識や文字などへの関心・感覚
遊びや生活の中で、数量や図形、標識や文字などに親しむ体験を重ねたり、標識や文字の役割に気付いたりし、自らの必要感に基づきこれらを活用し、興味や関心、感覚をもつようになる。
(9) 言葉による伝え合い
先生や友達と心を通わせる中で、絵本や物語などに親しみながら、豊かな言葉や表現を身に付け、経験したことや考えたことなどを言葉で伝えたり、相手の話を注意して聞いたりし、言葉による伝え合いを楽しむようになる。
(10) 豊かな感性と表現
心を動かす出来事などに触れ感性を働かせる中で、様々な素材の特徴や表現の仕方などに気付き、感じたことや考えたことを自分で表現したり、友達同士で表現する過程を楽しんだりし、表現する喜びを味わい、意欲をもつようになる。

第3 教育課程の役割と編成等
1 教育課程の役割

各幼稚園においては、教育基本法及び学校教育法その他の法令並びにこの幼稚園教育要領の示すところに従い、創意工夫を生かし、幼児の心身の発達と幼稚園及び地域の実態に即応した適切な教育課程を編成するものとする。

また、各幼稚園においては、6に示す全体的な計画にも留意しながら、

「幼児期の終わりまでに育ってほしい姿」を踏まえ教育課程を編成すること、教育課程の実施状況を評価してその改善を図っていくこと、教育課程の実施に必要な人的又は物的な体制を確保するとともにその改善を図っていくことなどを通して、教育課程に基づき組織的かつ計画的に各幼稚園の教育活動の質の向上を図っていくこと（以下「カリキュラム・マネジメント」という。）に努めるものとする。

2　各幼稚園の教育目標と教育課程の編成

　教育課程の編成に当たっては、幼稚園教育において育みたい資質・能力を踏まえつつ、各幼稚園の教育目標を明確にするとともに、教育課程の編成についての基本的な方針が家庭や地域とも共有されるよう努めるものとする。

3　教育課程の編成上の基本的事項

（1）　幼稚園生活の全体を通して第2章に示すねらいが総合的に達成されるよう、教育課程に係る教育期間や幼児の生活経験や発達の過程などを考慮して具体的なねらいと内容を組織するものとする。この場合においては、特に、自我が芽生え、他者の存在を意識し、自己を抑制しようとする気持ちが生まれる幼児期の発達の特性を踏まえ、入園から修了に至るまでの長期的な視野をもって充実した生活が展開できるように配慮するものとする。

（2）　幼稚園の毎学年の教育課程に係る教育週数は、特別の事情のある場合を除き、39週を下ってはならない。

（3）　幼稚園の1日の教育課程に係る教育時間は、4時間を標準とする。ただし、幼児の心身の発達の程度や季節などに適切に配慮するものとする。

4　教育課程の編成上の留意事項

　教育課程の編成に当たっては、次の事項に留意するものとする。

（1）　幼児の生活は、入園当初の一人一人の遊びや教師との触れ合いを通して幼稚園生活に親しみ、安定していく時期から、他の幼児との

関わりの中で幼児の主体的な活動が深まり、幼児が互いに必要な存在であることを認識するようになり、やがて幼児同士や学級全体で目的をもって協同して幼稚園生活を展開し、深めていく時期などに至るまでの過程を様々に経ながら広げられていくものであることを考慮し、活動がそれぞれの時期にふさわしく展開されるようにすること。
（2） 入園当初、特に、3歳児の入園については、家庭との連携を緊密にし、生活のリズムや安全面に十分配慮すること。また、満3歳児については、学年の途中から入園することを考慮し、幼児が安心して幼稚園生活を過ごすことができるよう配慮すること。
（3） 幼稚園生活が幼児にとって安全なものとなるよう、教職員による協力体制の下、幼児の主体的な活動を大切にしつつ、園庭や園舎などの環境の配慮や指導の工夫を行うこと。

5　小学校教育との接続に当たっての留意事項

（1） 幼稚園においては、幼稚園教育が、小学校以降の生活や学習の基盤の育成につながることに配慮し、幼児期にふさわしい生活を通して、創造的な思考や主体的な生活態度などの基礎を培うようにするものとする。
（2） 幼稚園教育において育まれた資質・能力を踏まえ、小学校教育が円滑に行われるよう、小学校の教師との意見交換や合同の研究の機会などを設け、「幼児期の終わりまでに育ってほしい姿」を共有するなど連携を図り、幼稚園教育と小学校教育との円滑な接続を図るよう努めるものとする。

6　全体的な計画の作成

各幼稚園においては、教育課程を中心に、第3章に示す教育課程に係る教育時間の終了後等に行う教育活動の計画、学校保健計画、学校安全計画などとを関連させ、一体的に教育活動が展開されるよう全体的な計画を作成するものとする。

第4　指導計画の作成と幼児理解に基づいた評価
1　指導計画の考え方
　幼稚園教育は、幼児が自ら意欲をもって環境と関わることによりつくり出される具体的な活動を通して、その目標の達成を図るものである。
　幼稚園においてはこのことを踏まえ、幼児期にふさわしい生活が展開され、適切な指導が行われるよう、それぞれの幼稚園の教育課程に基づき、調和のとれた組織的、発展的な指導計画を作成し、幼児の活動に沿った柔軟な指導を行わなければならない。
2　指導計画の作成上の基本的事項
（1）　指導計画は、幼児の発達に即して一人一人の幼児が幼児期にふさわしい生活を展開し、必要な体験を得られるようにするために、具体的に作成するものとする。
（2）　指導計画の作成に当たっては、次に示すところにより、具体的なねらい及び内容を明確に設定し、適切な環境を構成することなどにより活動が選択・展開されるようにするものとする。
ア　具体的なねらい及び内容は、幼稚園生活における幼児の発達の過程を見通し、幼児の生活の連続性、季節の変化などを考慮して、幼児の興味や関心、発達の実情などに応じて設定すること。
イ　環境は、具体的なねらいを達成するために適切なものとなるように構成し、幼児が自らその環境に関わることにより様々な活動を展開しつつ必要な体験を得られるようにすること。その際、幼児の生活する姿や発想を大切にし、常にその環境が適切なものとなるようにすること。
ウ　幼児の行う具体的な活動は、生活の流れの中で様々に変化するものであることに留意し、幼児が望ましい方向に向かって自ら活動を展開していくことができるよう必要な援助をすること。

　その際、幼児の実態及び幼児を取り巻く状況の変化などに即して指導

の過程についての評価を適切に行い、常に指導計画の改善を図るものとする。

3　指導計画の作成上の留意事項
　指導計画の作成に当たっては、次の事項に留意するものとする。
（１）　長期的に発達を見通した年、学期、月などにわたる長期の指導計画やこれとの関連を保ちながらより具体的な幼児の生活に即した週、日などの短期の指導計画を作成し、適切な指導が行われるようにすること。特に、週、日などの短期の指導計画については、幼児の生活のリズムに配慮し、幼児の意識や興味の連続性のある活動が相互に関連して幼稚園生活の自然な流れの中に組み込まれるようにすること。
（２）　幼児が様々な人やものとの関わりを通して、多様な体験をし、心身の調和のとれた発達を促すようにしていくこと。その際、幼児の発達に即して主体的・対話的で深い学びが実現するようにするとともに、心を動かされる体験が次の活動を生み出すことを考慮し、一つ一つの体験が相互に結び付き、幼稚園生活が充実するようにすること。
（３）　言語に関する能力の発達と思考力等の発達が関連していることを踏まえ、幼稚園生活全体を通して、幼児の発達を踏まえた言語環境を整え、言語活動の充実を図ること。
（４）　幼児が次の活動への期待や意欲をもつことができるよう、幼児の実態を踏まえながら、教師や他の幼児と共に遊びや生活の中で見通しをもったり、振り返ったりするよう工夫すること。
（５）　行事の指導に当たっては、幼稚園生活の自然な流れの中で生活に変化や潤いを与え、幼児が主体的に楽しく活動できるようにすること。なお、それぞれの行事についてはその教育的価値を十分検討し、適切なものを精選し、幼児の負担にならないようにすること。
（６）　幼児期は直接的な体験が重要であることを踏まえ、視聴覚教材や

コンピュータなど情報機器を活用する際には、幼稚園生活では得難い体験を補完するなど、幼児の体験との関連を考慮すること。
（７）　幼児の主体的な活動を促すためには、教師が多様な関わりをもつことが重要であることを踏まえ、教師は、理解者、共同作業者など様々な役割を果たし、幼児の発達に必要な豊かな体験が得られるよう、活動の場面に応じて、適切な指導を行うようにすること。
（８）　幼児の行う活動は、個人、グループ、学級全体などで多様に展開されるものであることを踏まえ、幼稚園全体の教師による協力体制を作りながら、一人一人の幼児が興味や欲求を十分に満足させるよう適切な援助を行うようにすること。

4　幼児理解に基づいた評価の実施

幼児一人一人の発達の理解に基づいた評価の実施に当たっては、次の事項に配慮するものとする。
（１）　指導の過程を振り返りながら幼児の理解を進め、幼児一人一人のよさや可能性などを把握し、指導の改善に生かすようにすること。その際、他の幼児との比較や一定の基準に対する達成度についての評定によって捉えるものではないことに留意すること。
（２）　評価の妥当性や信頼性が高められるよう創意工夫を行い、組織的かつ計画的な取組を推進するとともに、次年度又は小学校等にその内容が適切に引き継がれるようにすること。

第5　特別な配慮を必要とする幼児への指導
1　障害のある幼児などへの指導

障害のある幼児などへの指導に当たっては、集団の中で生活することを通して全体的な発達を促していくことに配慮し、特別支援学校などの助言又は援助を活用しつつ、個々の幼児の障害の状態などに応じた指導内容や指導方法の工夫を組織的かつ計画的に行うものとする。また、家庭、地域及び医療や福祉、保健等の業務を行う関係機関との連携を図り、

長期的な視点で幼児への教育的支援を行うために、個別の教育支援計画を作成し活用することに努めるとともに、個々の幼児の実態を的確に把握し、個別の指導計画を作成し活用することに努めるものとする。

2　海外から帰国した幼児や生活に必要な日本語の習得に困難のある幼児の幼稚園生活への適応

　海外から帰国した幼児や生活に必要な日本語の習得に困難のある幼児については、安心して自己を発揮できるよう配慮するなど個々の幼児の実態に応じ、指導内容や指導方法の工夫を組織的かつ計画的に行うものとする。

第6　幼稚園運営上の留意事項

1　各幼稚園においては、園長の方針の下に、園務分掌に基づき教職員が適切に役割を分担しつつ、相互に連携しながら、教育課程や指導の改善を図るものとする。また、各幼稚園が行う学校評価については、教育課程の編成、実施、改善が教育活動や幼稚園運営の中核となることを踏まえ、カリキュラム・マネジメントと関連付けながら実施するよう留意するものとする。

2　幼児の生活は、家庭を基盤として地域社会を通じて次第に広がりをもつものであることに留意し、家庭との連携を十分に図るなど、幼稚園における生活が家庭や地域社会と連続性を保ちつつ展開されるようにするものとする。その際、地域の自然、高齢者や異年齢の子供などを含む人材、行事や公共施設などの地域の資源を積極的に活用し、幼児が豊かな生活体験を得られるように工夫するものとする。また、家庭との連携に当たっては、保護者との情報交換の機会を設けたり、保護者と幼児との活動の機会を設けたりなどすることを通じて、保護者の幼児期の教育に関する理解が深まるよう配慮するものとする。

3　地域や幼稚園の実態等により、幼稚園間に加え、保育所、幼保連携型認定こども園、小学校、中学校、高等学校及び特別支援学校などと

の間の連携や交流を図るものとする。特に、幼稚園教育と小学校教育の円滑な接続のため、幼稚園の幼児と小学校の児童との交流の機会を積極的に設けるようにするものとする。また、障害のある幼児児童生徒との交流及び共同学習の機会を設け、共に尊重し合いながら協働して生活していく態度を育むよう努めるものとする。

第7　教育課程に係る教育時間終了後等に行う教育活動など

　幼稚園は、第3章に示す教育課程に係る教育時間の終了後等に行う教育活動について、学校教育法に規定する目的及び目標並びにこの章の第1に示す幼稚園教育の基本を踏まえ実施するものとする。また、幼稚園の目的の達成に資するため、幼児の生活全体が豊かなものとなるよう家庭や地域における幼児期の教育の支援に努めるものとする。

第2章　ねらい及び内容

　この章に示すねらいは、幼稚園教育において育みたい資質・能力を幼児の生活する姿から捉えたものであり、内容は、ねらいを達成するために指導する事項である。各領域は、これらを幼児の発達の側面から、心身の健康に関する領域「健康」、人との関わりに関する領域「人間関係」、身近な環境との関わりに関する領域「環境」、言葉の獲得に関する領域「言葉」及び感性と表現に関する領域「表現」としてまとめ、示したものである。内容の取扱いは、幼児の発達を踏まえた指導を行うに当たって留意すべき事項である。

　各領域に示すねらいは、幼稚園における生活の全体を通じ、幼児が様々な体験を積み重ねる中で相互に関連をもちながら次第に達成に向かうものであること、内容は、幼児が環境に関わって展開する具体的な活動を通して総合的に指導されるものであることに留意しなければならない。また、「幼児期の終わりまでに育ってほしい姿」が、ねらい及び内容に

基づく活動全体を通して資質・能力が育まれている幼児の幼稚園修了時の具体的な姿であることを踏まえ、指導を行う際に考慮するものとする。

　なお、特に必要な場合には、各領域に示すねらいの趣旨に基づいて適切な、具体的な内容を工夫し、それを加えても差し支えないが、その場合には、それが第１章の第１に示す幼稚園教育の基本を逸脱しないよう慎重に配慮する必要がある。

健　康
〔健康な心と体を育て、自ら健康で安全な生活をつくり出す力を養う。〕
1　ねらい
（１）　明るく伸び伸びと行動し、充実感を味わう。
（２）　自分の体を十分に動かし、進んで運動しようとする。
（３）　健康、安全な生活に必要な習慣や態度を身に付け、見通しをもって行動する。

2　内容
（１）　先生や友達と触れ合い、安定感をもって行動する。
（２）　いろいろな遊びの中で十分に体を動かす。
（３）　進んで戸外で遊ぶ。
（４）　様々な活動に親しみ、楽しんで取り組む。
（５）　先生や友達と食べることを楽しみ、食べ物への興味や関心をもつ。
（６）　健康な生活のリズムを身に付ける。
（７）　身の回りを清潔にし、衣服の着脱、食事、排泄(せつ)などの生活に必要な活動を自分でする。
（８）　幼稚園における生活の仕方を知り、自分たちで生活の場を整えながら見通しをもって行動する。
（９）　自分の健康に関心をもち、病気の予防などに必要な活動を進んで行う。
（10）　危険な場所、危険な遊び方、災害時などの行動の仕方が分かり、

安全に気を付けて行動する。
3　内容の取扱い
上記の取扱いに当たっては、次の事項に留意する必要がある。
（1）心と体の健康は、相互に密接な関連があるものであることを踏まえ、幼児が教師や他の幼児との温かい触れ合いの中で自己の存在感や充実感を味わうことなどを基盤として、しなやかな心と体の発達を促すこと。特に、十分に体を動かす気持ちよさを体験し、自ら体を動かそうとする意欲が育つようにすること。
（2）様々な遊びの中で、幼児が興味や関心、能力に応じて全身を使って活動することにより、体を動かす楽しさを味わい、自分の体を大切にしようとする気持ちが育つようにすること。その際、多様な動きを経験する中で、体の動きを調整するようにすること。
（3）自然の中で伸び伸びと体を動かして遊ぶことにより、体の諸機能の発達が促されることに留意し、幼児の興味や関心が戸外にも向くようにすること。その際、幼児の動線に配慮した園庭や遊具の配置などを工夫すること。
（4）健康な心と体を育てるためには食育を通じた望ましい食習慣の形成が大切であることを踏まえ、幼児の食生活の実情に配慮し、和やかな雰囲気の中で教師や他の幼児と食べる喜びや楽しさを味わったり、様々な食べ物への興味や関心をもったりするなどし、食の大切さに気付き、進んで食べようとする気持ちが育つようにすること。
（5）基本的な生活習慣の形成に当たっては、家庭での生活経験に配慮し、幼児の自立心を育て、幼児が他の幼児と関わりながら主体的な活動を展開する中で、生活に必要な習慣を身に付け、次第に見通しをもって行動できるようにすること。
（6）安全に関する指導に当たっては、情緒の安定を図り、遊びを通して安全についての構えを身に付け、危険な場所や事物などが分かり、安全についての理解を深めるようにすること。また、交通安全の習

慣を身に付けるようにするとともに、避難訓練などを通して、災害などの緊急時に適切な行動がとれるようにすること。

人間関係
〔他の人々と親しみ、支え合って生活するために、自立心を育て、人と関わる力を養う。〕
1　ねらい
（1）　幼稚園生活を楽しみ、自分の力で行動することの充実感を味わう。
（2）　身近な人と親しみ、関わりを深め、工夫したり、協力したりして一緒に活動する楽しさを味わい、愛情や信頼感をもつ。
（3）　社会生活における望ましい習慣や態度を身に付ける。
2　内容
（1）　先生や友達と共に過ごすことの喜びを味わう。
（2）　自分で考え、自分で行動する。
（3）　自分でできることは自分でする。
（4）　いろいろな遊びを楽しみながら物事をやり遂げようとする気持ちをもつ。
（5）　友達と積極的に関わりながら喜びや悲しみを共感し合う。
（6）　自分の思ったことを相手に伝え、相手の思っていることに気付く。
（7）　友達のよさに気付き、一緒に活動する楽しさを味わう。
（8）　友達と楽しく活動する中で、共通の目的を見いだし、工夫したり、協力したりなどする。
（9）　よいことや悪いことがあることに気付き、考えながら行動する。
（10）　友達との関わりを深め、思いやりをもつ。
（11）　友達と楽しく生活する中できまりの大切さに気付き、守ろうとする。
（12）　共同の遊具や用具を大切にし、皆で使う。
（13）　高齢者をはじめ地域の人々などの自分の生活に関係の深いいろい

ろな人に親しみをもつ。

3 　内容の取扱い

　上記の取扱いに当たっては、次の事項に留意する必要がある。

（1）　教師との信頼関係に支えられて自分自身の生活を確立していくことが人と関わる基盤となることを考慮し、幼児が自ら周囲に働き掛けることにより多様な感情を体験し、試行錯誤しながら諦めずにやり遂げることの達成感や、前向きな見通しをもって自分の力で行うことの充実感を味わうことができるよう、幼児の行動を見守りながら適切な援助を行うようにすること。

（2）　一人一人を生かした集団を形成しながら人と関わる力を育てていくようにすること。その際、集団の生活の中で、幼児が自己を発揮し、教師や他の幼児に認められる体験をし、自分のよさや特徴に気付き、自信をもって行動できるようにすること。

（3）　幼児が互いに関わりを深め、協同して遊ぶようになるため、自ら行動する力を育てるようにするとともに、他の幼児と試行錯誤しながら活動を展開する楽しさや共通の目的が実現する喜びを味わうことができるようにすること。

（4）　道徳性の芽生えを培うに当たっては、基本的な生活習慣の形成を図るとともに、幼児が他の幼児との関わりの中で他人の存在に気付き、相手を尊重する気持ちをもって行動できるようにし、また、自然や身近な動植物に親しむことなどを通して豊かな心情が育つようにすること。特に、人に対する信頼感や思いやりの気持ちは、葛藤やつまずきをも体験し、それらを乗り越えることにより次第に芽生えてくることに配慮すること。

（5）　集団の生活を通して、幼児が人との関わりを深め、規範意識の芽生えが培われることを考慮し、幼児が教師との信頼関係に支えられて自己を発揮する中で、互いに思いを主張し、折り合いを付ける体験をし、きまりの必要性などに気付き、自分の気持ちを調整する力

が育つようにすること。
（６）　高齢者をはじめ地域の人々などの自分の生活に関係の深いいろいろな人と触れ合い、自分の感情や意志を表現しながら共に楽しみ、共感し合う体験を通して、これらの人々などに親しみをもち、人と関わることの楽しさや人の役に立つ喜びを味わうことができるようにすること。また、生活を通して親や祖父母などの家族の愛情に気付き、家族を大切にしようとする気持ちが育つようにすること。

環　境

〔周囲の様々な環境に好奇心や探究心をもって関わり、それらを生活に取り入れていこうとする力を養う。〕

１　ねらい

（１）　身近な環境に親しみ、自然と触れ合う中で様々な事象に興味や関心をもつ。
（２）　身近な環境に自分から関わり、発見を楽しんだり、考えたりし、それを生活に取り入れようとする。
（３）　身近な事象を見たり、考えたり、扱ったりする中で、物の性質や数量、文字などに対する感覚を豊かにする。

２　内容

（１）　自然に触れて生活し、その大きさ、美しさ、不思議さなどに気付く。
（２）　生活の中で、様々な物に触れ、その性質や仕組みに興味や関心をもつ。
（３）　季節により自然や人間の生活に変化のあることに気付く。
（４）　自然などの身近な事象に関心をもち、取り入れて遊ぶ。
（５）　身近な動植物に親しみをもって接し、生命の尊さに気付き、いたわったり、大切にしたりする。
（６）　日常生活の中で、我が国や地域社会における様々な文化や伝統に親しむ。

（7） 身近な物を大切にする。
（8） 身近な物や遊具に興味をもって関わり、自分なりに比べたり、関連付けたりしながら考えたり、試したりして工夫して遊ぶ。
（9） 日常生活の中で数量や図形などに関心をもつ。
（10） 日常生活の中で簡単な標識や文字などに関心をもつ。
（11） 生活に関係の深い情報や施設などに興味や関心をもつ。
（12） 幼稚園内外の行事において国旗に親しむ。

3　内容の取扱い

上記の取扱いに当たっては、次の事項に留意する必要がある。
（1） 幼児が、遊びの中で周囲の環境と関わり、次第に周囲の世界に好奇心を抱き、その意味や操作の仕方に関心をもち、物事の法則性に気付き、自分なりに考えることができるようになる過程を大切にすること。また、他の幼児の考えなどに触れて新しい考えを生み出す喜びや楽しさを味わい、自分の考えをよりよいものにしようとする気持ちが育つようにすること。
（2） 幼児期において自然のもつ意味は大きく、自然の大きさ、美しさ、不思議さなどに直接触れる体験を通して、幼児の心が安らぎ、豊かな感情、好奇心、思考力、表現力の基礎が培われることを踏まえ、幼児が自然との関わりを深めることができるよう工夫すること。
（3） 身近な事象や動植物に対する感動を伝え合い、共感し合うことなどを通して自分から関わろうとする意欲を育てるとともに、様々な関わり方を通してそれらに対する親しみや畏敬の念、生命を大切にする気持ち、公共心、探究心などが養われるようにすること。
（4） 文化や伝統に親しむ際には、正月や節句など我が国の伝統的な行事、国歌、唱歌、わらべうたや我が国の伝統的な遊びに親しんだり、異なる文化に触れる活動に親しんだりすることを通じて、社会とのつながりの意識や国際理解の意識の芽生えなどが養われるようにすること。

（５）　数量や文字などに関しては、日常生活の中で幼児自身の必要感に基づく体験を大切にし、数量や文字などに関する興味や関心、感覚が養われるようにすること。

言　葉

〔経験したことや考えたことなどを自分なりの言葉で表現し、相手の話す言葉を聞こうとする意欲や態度を育て、言葉に対する感覚や言葉で表現する力を養う。〕

1　ねらい

（１）　自分の気持ちを言葉で表現する楽しさを味わう。
（２）　人の言葉や話などをよく聞き、自分の経験したことや考えたことを話し、伝え合う喜びを味わう。
（３）　日常生活に必要な言葉が分かるようになるとともに、絵本や物語などに親しみ、言葉に対する感覚を豊かにし、先生や友達と心を通わせる。

2　内容

（１）　先生や友達の言葉や話に興味や関心をもち、親しみをもって聞いたり、話したりする。
（２）　したり、見たり、聞いたり、感じたり、考えたりなどしたことを自分なりに言葉で表現する。
（３）　したいこと、してほしいことを言葉で表現したり、分からないことを尋ねたりする。
（４）　人の話を注意して聞き、相手に分かるように話す。
（５）　生活の中で必要な言葉が分かり、使う。
（６）　親しみをもって日常の挨拶をする。
（７）　生活の中で言葉の楽しさや美しさに気付く。
（８）　いろいろな体験を通じてイメージや言葉を豊かにする。
（９）　絵本や物語などに親しみ、興味をもって聞き、想像をする楽し

を味わう。
（10） 日常生活の中で、文字などで伝える楽しさを味わう。

3　内容の取扱い

　上記の取扱いに当たっては、次の事項に留意する必要がある。

（１）　言葉は、身近な人に親しみをもって接し、自分の感情や意志などを伝え、それに相手が応答し、その言葉を聞くことを通して次第に獲得されていくものであることを考慮して、幼児が教師や他の幼児と関わることにより心を動かされるような体験をし、言葉を交わす喜びを味わえるようにすること。

（２）　幼児が自分の思いを言葉で伝えるとともに、教師や他の幼児などの話を興味をもって注意して聞くことを通して次第に話を理解するようになっていき、言葉による伝え合いができるようにすること。

（３）　絵本や物語などで、その内容と自分の経験とを結び付けたり、想像を巡らせたりするなど、楽しみを十分に味わうことによって、次第に豊かなイメージをもち、言葉に対する感覚が養われるようにすること。

（４）　幼児が生活の中で、言葉の響きやリズム、新しい言葉や表現などに触れ、これらを使う楽しさを味わえるようにすること。その際、絵本や物語に親しんだり、言葉遊びなどをしたりすることを通して、言葉が豊かになるようにすること。

（５）　幼児が日常生活の中で、文字などを使いながら思ったことや考えたことを伝える喜びや楽しさを味わい、文字に対する興味や関心をもつようにすること。

表　現

〔感じたことや考えたことを自分なりに表現することを通して、豊かな感性や表現する力を養い、創造性を豊かにする。〕

1　ねらい

（1） いろいろなものの美しさなどに対する豊かな感性をもつ。
（2） 感じたことや考えたことを自分なりに表現して楽しむ。
（3） 生活の中でイメージを豊かにし、様々な表現を楽しむ。

2　内容
（1） 生活の中で様々な音、形、色、手触り、動きなどに気付いたり、感じたりするなどして楽しむ。
（2） 生活の中で美しいものや心を動かす出来事に触れ、イメージを豊かにする。
（3） 様々な出来事の中で、感動したことを伝え合う楽しさを味わう。
（4） 感じたこと、考えたことなどを音や動きなどで表現したり、自由にかいたり、つくったりなどする。
（5） いろいろな素材に親しみ、工夫して遊ぶ。
（6） 音楽に親しみ、歌を歌ったり、簡単なリズム楽器を使ったりなどする楽しさを味わう。
（7） かいたり、つくったりすることを楽しみ、遊びに使ったり、飾ったりなどする。
（8） 自分のイメージを動きや言葉などで表現したり、演じて遊んだりするなどの楽しさを味わう。

3　内容の取扱い
　上記の取扱いに当たっては、次の事項に留意する必要がある。
（1） 豊かな感性は、身近な環境と十分に関わる中で美しいもの、優れたもの、心を動かす出来事などに出会い、そこから得た感動を他の幼児や教師と共有し、様々に表現することなどを通して養われるようにすること。その際、風の音や雨の音、身近にある草や花の形や色など自然の中にある音、形、色などに気付くようにすること。
（2） 幼児の自己表現は素朴な形で行われることが多いので、教師はそのような表現を受容し、幼児自身の表現しようとする意欲を受け止めて、幼児が生活の中で幼児らしい様々な表現を楽しむことができ

るようにすること。
（3）　生活経験や発達に応じ、自ら様々な表現を楽しみ、表現する意欲を十分に発揮させることができるように、遊具や用具などを整えたり、様々な素材や表現の仕方に親しんだり、他の幼児の表現に触れられるよう配慮したりし、表現する過程を大切にして自己表現を楽しめるように工夫すること。

第３章　教育課程に係る教育時間の終了後等に行う教育活動などの留意事項

１　地域の実態や保護者の要請により、教育課程に係る教育時間の終了後等に希望する者を対象に行う教育活動については、幼児の心身の負担に配慮するものとする。また、次の点にも留意するものとする。
（1）　教育課程に基づく活動を考慮し、幼児期にふさわしい無理のないものとなるようにすること。その際、教育課程に基づく活動を担当する教師と緊密な連携を図るようにすること。
（2）　家庭や地域での幼児の生活も考慮し、教育課程に係る教育時間の終了後等に行う教育活動の計画を作成するようにすること。その際、地域の人々と連携するなど、地域の様々な資源を活用しつつ、多様な体験ができるようにすること。
（3）　家庭との緊密な連携を図るようにすること。その際、情報交換の機会を設けたりするなど、保護者が、幼稚園と共に幼児を育てるという意識が高まるようにすること。
（4）　地域の実態や保護者の事情とともに幼児の生活のリズムを踏まえつつ、例えば実施日数や時間などについて、弾力的な運用に配慮すること。
（5）　適切な責任体制と指導体制を整備した上で行うようにすること。
２　幼稚園の運営に当たっては、子育ての支援のために保護者や地域の人々に機能や施設を開放して、園内体制の整備や関係機関との連携及

び協力に配慮しつつ、幼児期の教育に関する相談に応じたり、情報を提供したり、幼児と保護者との登園を受け入れたり、保護者同士の交流の機会を提供したりするなど、幼稚園と家庭が一体となって幼児と関わる取組を進め、地域における幼児期の教育のセンターとしての役割を果たすよう努めるものとする。その際、心理や保健の専門家、地域の子育て経験者等と連携・協働しながら取り組むよう配慮するものとする。

幼稚園及び特別支援学校幼稚部における指導要録の改善について(通知)

平成 30 年 3 月 30 日　29 文科初第 1814 号

　幼稚園及び特別支援学校幼稚部（以下「幼稚園等」という。）における指導要録は、幼児の学籍並びに指導の過程及びその結果の要約を記録し、その後の指導及び外部に対する証明等に役立たせるための原簿となるものです。

　今般の幼稚園教育要領及び特別支援学校幼稚部教育要領の改訂に伴い、文部科学省では、各幼稚園等において幼児理解に基づいた評価が適切に行われるとともに、地域に根ざした主体的かつ積極的な教育の展開の観点から、各設置者等において指導要録の様式が創意工夫の下決定され、また、各幼稚園等により指導要録が作成されるよう、指導要録に記載する事項や様式の参考例についてとりまとめましたのでお知らせします。

　つきましては、下記に示す幼稚園等における評価の基本的な考え方及び指導要録の改善の要旨等並びに別紙 1 及び 2、別添資料 1 及び 2（様式の参考例）に関して十分御了知の上、都道府県教育委員会におかれては所管の学校及び域内の市町村教育委員会に対し、都道府県知事におかれては所轄の学校に対し、各国立大学法人学長におかれてはその管下の学校に対して、この通知の趣旨を十分周知されるようお願いします。

　また、幼稚園等と小学校、義務教育学校の前期課程及び特別支援学校の小学部（以下「小学校等」という。）との緊密な連携を図る観点から、小学校等においてもこの通知の趣旨の理解が図られるようお願いします。

　なお、この通知により、平成 21 年 1 月 28 日付け 20 文科初第 1137 号「幼稚園幼児指導要録の改善について（通知）」、平成 21 年 3 月 9 日付け 20 文科初第 1315 号「特別支援学校幼稚部幼児指導要録の改善に

8 付録

ついて（通知）」は廃止します。

記

1　幼稚園等における評価の基本的な考え方
　幼児一人一人の発達の理解に基づいた評価の実施に当たっては、次の事項に配慮すること。
（1）　指導の過程を振り返りながら幼児の理解を進め、幼児一人一人のよさや可能性などを把握し、指導の改善に生かすようにすること。その際、他の幼児との比較や一定の基準に対する達成度についての評定によって捉えるものではないことに留意すること。
（2）　評価の妥当性や信頼性が高められるよう創意工夫を行い、組織的かつ計画的な取組を推進するとともに、次年度又は小学校等にその内容が適切に引き継がれるようにすること。

2　指導要録の改善の要旨
　「指導上参考となる事項」について、これまでの記入の考え方を引き継ぐとともに、最終学年の記入に当たっては、特に小学校等における児童の指導に生かされるよう、「幼児期の終わりまでに育ってほしい姿」を活用して幼児に育まれている資質・能力を捉え、指導の過程と育ちつつある姿を分かりやすく記入することに留意するよう追記したこと。このことを踏まえ、様式の参考例を見直したこと。

3　実施時期
　この通知を踏まえた指導要録の作成は、平成 30 年度から実施すること。なお、平成 30 年度に新たに入園、入学（転入園、転入学含む。）、進級する幼児のために指導要録の様式を用意している場合には様式についてはこの限りではないこと。
　この通知を踏まえた指導要録を作成する場合、既に在園、在学している幼児の指導要録については、従前の指導要録に記載された事項を転記する必要はなく、この通知を踏まえて作成された指導要録と併せて保存

すること。
4　取扱い上の注意
（1）　指導要録の作成、送付及び保存については、学校教育法施行規則（昭和22年文部省令第11号）第24条及び第28条の規定によること。なお、同施行規則第24条第2項により小学校等の進学先に指導要録の抄本又は写しを送付しなければならないことに留意すること。
（2）　指導要録の記載事項に基づいて外部への証明等を作成する場合には、その目的に応じて必要な事項だけを記載するよう注意すること。
（3）　配偶者からの暴力の被害者と同居する幼児については、転園した幼児の指導要録の記述を通じて転園先、転学先の名称や所在地等の情報が配偶者（加害者）に伝わることが懸念される場合がある。このような特別の事情がある場合には、平成21年7月13日付け21生参学第7号「配偶者からの暴力の被害者の子どもの就学について（通知）」を参考に、関係機関等との連携を図りながら、適切に情報を取り扱うこと。
（4）　評価の妥当性や信頼性を高めるとともに、教師の負担感の軽減を図るため、情報の適切な管理を図りつつ、情報通信技術の活用により指導要録等に係る事務の改善を検討することも重要であること。なお、法令に基づく文書である指導要録について、書面の作成、保存、送付を情報通信技術を活用して行うことは、現行の制度上も可能であること。
（5）　別添資料1及び2（様式の参考例）の用紙や文字の大きさ等については、各設置者等の判断で適宜工夫できること。
5　幼稚園型認定こども園における取扱い上の注意
　幼稚園型認定こども園においては、「幼保連携型認定こども園園児指導要録の改善及び認定こども園こども要録の作成等に関する留意事項等について（通知）」（平成30年3月30日付け府子本第315号・29初幼

8 付録

教第 17 号・子保発 0330 第 3 号）を踏まえ、認定こども園こども要録の作成を行うこと。なお、幼稚園幼児指導要録を作成することも可能であること。

幼稚園幼児指導要録に記載する事項

○学籍に関する記録

　学籍に関する記録は、外部に対する証明等の原簿としての性格をもつものとし、原則として、入園時及び異動の生じたときに記入すること。
1　幼児の氏名、性別、生年月日及び現住所
2　保護者（親権者）氏名及び現住所
3　学籍の記録
（1）　入園年月日
（2）　転入園年月日
　他の幼稚園や特別支援学校幼稚部、保育所、幼保連携型認定こども園等から転入園してきた幼児について記入する。
（3）　転・退園年月日
　他の幼稚園や特別支援学校幼稚部、保育所、幼保連携型認定こども園等へ転園する幼児や退園する幼児について記入する。
（4）　修了年月日
4　入園前の状況
　保育所等での集団生活の経験の有無等を記入すること。
5　進学先等
　進学した小学校等や転園した幼稚園、保育所等の名称及び所在地等を記入すること。
6　園名及び所在地
7　各年度の入園（転入園）・進級時の幼児の年齢、園長の氏名及び学級担任の氏名

各年度に、園長の氏名、学級担任者の氏名を記入し、それぞれ押印する。（同一年度内に園長又は学級担任者が代わった場合には、その都度後任者の氏名を併記する。）

　なお、氏名の記入及び押印については、電子署名（電子署名及び認証業務に関する法律（平成 12 年法律第 102 号）第 2 条第 1 項に定義する「電子署名」をいう。）を行うことで替えることも可能である。

○指導に関する記録

　指導に関する記録は、1年間の指導の過程とその結果を要約し、次の年度の適切な指導に資するための資料としての性格をもつものとすること。

1　指導の重点等

　当該年度における指導の過程について次の視点から記入すること。

（1）　学年の重点

　年度当初に、教育課程に基づき長期の見通しとして設定したものを記入すること。

（2）　個人の重点

　1年間を振り返って、当該幼児の指導について特に重視してきた点を記入すること。

2　指導上参考となる事項

（1）　次の事項について記入すること。

①1年間の指導の過程と幼児の発達の姿について以下の事項を踏まえ記入すること。

- 幼稚園教育要領第 2 章「ねらい及び内容」に示された各領域のねらいを視点として、当該幼児の発達の実情から向上が著しいと思われるもの。その際、他の幼児との比較や一定の基準に対する達成度についての評定によって捉えるものではないことに留意すること。
- 幼稚園生活を通して全体的、総合的に捉えた幼児の発達の姿。

② 次の年度の指導に必要と考えられる配慮事項等について記入すること。
③ 最終年度の記入に当たっては、特に小学校等における児童の指導に生かされるよう、幼稚園教育要領第1章総則に示された「幼児期の終わりまでに育ってほしい姿」を活用して幼児に育まれている資質・能力を捉え、指導の過程と育ちつつある姿を分かりやすく記入するように留意すること。その際、「幼児期の終わりまでに育ってほしい姿」が到達すべき目標ではないことに留意し、項目別に幼児の育ちつつある姿を記入するのではなく、全体的、総合的に捉えて記入すること。
（2） 幼児の健康の状況等指導上特に留意する必要がある場合等について記入すること。

3　出欠の状況

（1）　教育日数

　1年間に教育した総日数を記入すること。この教育日数は、原則として、幼稚園教育要領に基づき編成した教育課程の実施日数と同日数であり、同一年齢の全ての幼児について同日数であること。ただし、転入園等をした幼児については、転入園等をした日以降の教育日数を記入し、転園又は退園をした幼児については、転園のため当該施設を去った日又は退園をした日までの教育日数を記入すること。

（2）　出席日数

　教育日数のうち当該幼児が出席した日数を記入すること。

4　備考

　教育課程に係る教育時間の終了後等に行う教育活動を行っている場合には、必要に応じて当該教育活動を通した幼児の発達の姿を記入すること。

幼稚園幼児指導要録に記載する事項

〔様式の参考例〕

幼稚園幼児指導要録（学籍に関する記録）

区分 \ 年度	平成　年度	平成　年度	平成　年度	平成　年度
学　級				
整理番号				

幼児	ふりがな 氏　名		性別	
		平成　年　月　日生		
	現住所			

保護者	ふりがな 氏　名	
	現住所	

入　園	平成　年　月　日	入園前の 状　況	
転入園	平成　年　月　日		
転・退園	平成　年　月　日	進学先等	
修　了	平成　年　月　日		

幼稚園名 及び所在地	

年度及び入園(転入園) ・進級時の幼児の年齢	平成　年度 歳　か月	平成　年度 歳　か月	平成　年度 歳　か月	平成　年度 歳　か月
園　　長 氏名　印				
学級担任者 氏名　印				

8 付録

〔様式の参考例〕

幼稚園幼児指導要録(指導に関する記録)

ふりがな 氏名				指導の重点等	平成　年度 (学年の重点)	平成　年度 (学年の重点)	平成　年度 (学年の重点)
	平成　年　月　日生						
性別					(個人の重点)	(個人の重点)	(個人の重点)
	ねらい (発達を捉える視点)						
健康	明るく伸び伸びと行動し、充実感を味わう。			指導上参考となる事項			
	自分の体を十分に動かし、進んで運動しようとする。						
	健康、安全な生活に必要な習慣や態度を身に付け、見通しをもって行動する。						
人間関係	幼稚園生活を楽しみ、自分の力で行動することの充実感を味わう。						
	身近な人と親しみ、関わりを深め、工夫したり、協力したりして一緒に活動する楽しさを味わい、愛情や信頼感をもつ。						
	社会生活における望ましい習慣や態度を身に付ける。						
環境	身近な環境に親しみ、自然と触れ合う中で様々な事象に興味や関心をもつ。						
	身近な環境に自分から関わり、発見を楽しんだり、考えたりし、それを生活に取り入れようとする。						
	身近な事象を見たり、考えたり、扱ったりする中で、物の性質や数量、文字などに対する感覚を豊かにする。						
言葉	自分の気持ちを言葉で表現する楽しさを味わう。						
	人の言葉や話などをよく聞き、自分の経験したことや考えたことを話し、伝え合う喜びを味わう。						
	日常生活に必要な言葉が分かるようになるとともに、絵本や物語などに親しみ、言葉に対する感覚を豊かにし、先生や友達と心を通わせる。						
表現	いろいろなものの美しさなどに対する豊かな感性をもつ。						
	感じたことや考えたことを自分なりに表現して楽しむ。						
	生活の中でイメージを豊かにし、様々な表現を楽しむ。						
出欠状況		年度	年度	年度	備考		
	教育日数						
	出席日数						

学年の重点：年度当初に、教育課程に基づき長期の見通しとして設定したものを記入
個人の重点：1年間を振り返って、当該幼児の指導について特に重視してきた点を記入
指導上参考となる事項：
(1) 次の事項について記入すること。
　①1年間の指導の過程と幼児の発達の姿について以下の事項を踏まえ記入すること。
　・幼稚園教育要領第2章「ねらい及び内容」に示された各領域のねらいを視点として、当該幼児の発達の実情から向上が著しいと思われるもの。
　　その際、他の幼児との比較や一定の基準に対する達成度についての評価によって捉えるものではないことに留意すること。
　・幼稚園生活を通して全体的、総合的に捉えた幼児の発達の姿。
　②次の年度の指導に必要と考えられる配慮事項等について記入すること。
(2) 幼児の健康の状況等指導上特に留意する必要がある場合等について記入すること。
備考：教育課程に係る教育時間の終了後等に行う教育活動を行っている場合には、必要に応じて当該教育活動を通した幼児の発達の姿を記入すること。

226

幼稚園幼児指導要録に記載する事項

〔様式の参考例〕

幼稚園幼児指導要録（最終学年の指導に関する記録）

ふりがな		平成　　年度		幼児期の終わりまでに育ってほしい姿	
氏名	指導の重点等	（学年の重点）		「幼児期の終わりまでに育ってほしい姿」は、幼稚園教育要領第2章に示すねらい及び内容に基づいて、各幼稚園で、幼児期にふさわしい遊びや生活を積み重ねることにより、幼稚園教育において育みたい資質・能力が育まれている幼児の具体的な姿であり、特に5歳児後半に見られるようになる姿である。「幼児期の終わりまでに育ってほしい姿」は、とりわけ幼児の自発的な活動としての遊びを通して、一人一人の発達の特性に応じて、これらの姿が育っていくものであり、全ての幼児に同じように見られるものではないことに留意すること。	
平成　年　月　日生					
性別		（個人の重点）			
	ねらい（発達を捉える視点）			健康な心と体	幼稚園生活の中で、充実感をもって自分のやりたいことに向かって心と体を十分に働かせ、見通しをもって行動し、自ら健康で安全な生活をつくり出すようになる。
健康	明るく伸び伸びと行動し、充実感を味わう。	指導上参考となる事項		自立心	身近な環境に主体的に関わり様々な活動を楽しむ中で、しなければならないことを自覚し、自分の行うために考えたり、工夫したりしながら、諦めずにやり遂げることで達成感を味わい、自信をもって行動するようになる。
	自分から体を十分に動かし、進んで運動しようとする。				
	健康、安全な生活に必要な習慣や態度を身に付け、見通しをもって行動する。			協同性	友達と関わる中で、互いの思いや考えなどを共有し、共通の目的の実現に向けて、考えたり、工夫したり、協力したりし、充実感をもってやり遂げるようになる。
人間関係	幼稚園生活を楽しみ、自分の力で行動することの充実感を味わう。			道徳性・規範意識の芽生え	友達と様々な体験を重ねる中で、してよいことや悪いことが分かり、自分の行動を振り返ったり、友達の気持ちに共感したり、相手の立場に立って行動するようになる。また、きまりを守る必要性が分かり、自分の気持ちを調整し、友達と折り合いを付けながら、きまりをつくったり、守ったりするようになる。
	身近な人と親しみ、関わりを深め、工夫したり、協力したりして一緒に活動する楽しさを味わい、愛情や信頼感をもつ。				
	社会生活における望ましい習慣や態度を身に付ける。			社会生活との関わり	家族を大切にしようとする気持ちをもつとともに、地域の身近な人と触れ合う中で、人との様々な関わり方に気付き、相手の気持ちを考えて関わり、自分が役に立つ喜びを感じ、地域に親しみをもつようになる。また、幼稚園内外の様々な環境に関わる中で、遊びや生活に必要な情報を取り入れ、情報に基づき判断したり、情報を伝え合ったり、活用したりするなど、情報を役立てながら活動するようになるとともに、公共の施設を大切に利用するなどして、社会とのつながりなどを意識するようになる。
環境	身近な環境に親しみ、自然と触れ合う中で様々な事象に興味や関心をもつ。				
	身近な環境に自分から関わり、発見を楽しんだり、考えたり、それを生活に取り入れようとする。				
	身近な事象を見たり、考えたり、扱ったりする中で、物の性質や数量、文字などに対する感覚を豊かにする。			思考力の芽生え	身近な事象に積極的に関わる中で、物の性質や仕組みなどを感じ取ったり、気付いたり、考えたり、予想したり、工夫したりするなど、多様な関わりを楽しむようになる。また、友達の様々な考えに触れる中で、自分と異なる考えがあることに気付き、自ら判断したり、考え直したりするなど、新しい考えを生み出す喜びを味わいながら、自分の考えをよりよいものにするようになる。
言葉	自分の気持ちを言葉で表現する楽しさを味わう。				
	人の言葉や話などをよく聞き、自分の経験したことや考えたことを話し、伝え合う喜びを味わう。			自然との関わり・生命尊重	自然に触れて感動する体験を通して、自然の変化などを感じ取り、好奇心や探究心をもって考え言葉などで表現しながら、身近な事象への関心が高まるとともに、自然への愛情や畏敬の念をもつようになる。また、身近な動植物に心を動かされる中で、生命の不思議さや尊さに気付き、身近な動植物への接し方を考え、命あるものとしていたわり、大切にする気持ちをもって関わるようになる。
	日常生活に必要な言葉が分かるようになるとともに、絵本や物語などに親しみ、言葉に対する感覚を豊かにし、先生や友達と心を通わせる。				
表現	いろいろなものの美しさなどに対する豊かな感性をもつ。			数量や図形、標識や文字などへの関心・感覚	遊びや生活の中で、数量や図形、標識や文字などに親しむ体験を重ねたり、標識や文字の役割に気付いたりし、自らの必要感に基づきこれらを活用し、興味や関心、感覚をもつようになる。
	感じたことや考えたことを自分なりに表現して楽しむ。			言葉による伝え合い	先生や友達と心を通わせる中で、絵本や物語などに親しみながら、豊かな言葉や表現を身に付け、経験したことや考えたことなどを言葉で伝えたり、相手の話を注意して聞いたりし、言葉による伝え合いを楽しむようになる。
	生活の中でイメージを豊かにし、様々な表現を楽しむ。				
出欠状況		年度	備考	豊かな感性と表現	心を動かす出来事などに触れ感性を働かせる中で、様々な素材の特徴や表現の仕方などに気付き、感じたことや考えたことを自分で表現したり、友達同士で表現する過程を楽しんだりし、表現する喜びを味わい、意欲をもつようになる。
	教育日数				
	出席日数				

学年の重点：年度当初に、教育課程に基づき長期の見通しとして設定したものを記入
個人の重点：1年間を振り返って、当該幼児の指導について特に重視してきた点を記入
指導上参考となる事項：
(1) 次の事項について記入すること。
　①1年間の指導の過程と幼児の発達の姿について以下の事項を踏まえ記入すること。
　　・幼稚園教育要領第2章「ねらい及び内容」に示された各領域のねらいを視点として、当該幼児の発達の実情から向上が著しいと思われるもの。
　　　その際、他の幼児との比較や一定の基準に対する達成度についての評定によって捉えるものではないことに留意すること。
　　・幼稚園生活を通して全体的、総合的に捉えた幼児の発達の姿。
　②次の年度の指導に必要と考えられる配慮事項等について記入すること。
　③最終年度の記入に当たっては、特に小学校等における児童の指導に生かされるよう、幼稚園教育要領第1章総則に示された「幼児期の終わりまでに育ってほしい姿」を活用して幼児に育まれている資質・能力を捉え、指導の過程と育ちつつある姿を分かりやすく記入するように留意すること。また、「幼児期の終わりまでに育ってほしい姿」が到達すべき目標ではないことに留意し、項目別に幼児の育ちつつある姿を記入するのではなく、全体的、総合的に捉えて記入すること。
(2) 幼児の健康の状況等指導上特に留意する必要がある場合等について記入すること。

8

出席停止について

　感染症については、「感染症の予防及び感染症の患者に対する医療に関する法律」などの規定があるが、幼稚園では一般的に、「学校保健安全法」による学校感染症の取り扱い要領に沿って処置のしかたが決められている。

関係法規

〔学校保健安全法〕(抄)　第2章 学校保健　第4節 感染症の予防
（出席停止）
第19条　校長は、感染症にかかっており、かかっている疑いがあり、又はかかるおそれのある児童生徒等があるときは、政令で定めるところにより、出席を停止させることができる。
（臨時休業）
第20条　学校の設置者は、感染症の予防上必要があるときは、臨時に、学校の全部又は一部の休業を行うことができる。

〔学校保健安全法施行令〕（抄）
（出席停止の指示）
第6条　校長は、法第19条の規定により出席を停止させようとするときは、その理由及び期間を明らかにして、幼児、児童又は生徒（高等学校（中等教育学校の後期課程及び特別支援学校の高等部を含む。以下同じ。）の生徒を除く。）にあってはその保護者に、高等学校の生徒又は学生にあっては当該生徒又は学生にこれを指示しなければならない。
　2　出席停止の期間は、感染症の種類等に応じて、文部科学省令で定める基準による。

学校保健安全法施行規則（抄）

昭和33年6月13日文部省令第18号

最終改正：平成28年3月22日　文部科学省令第4号

第3章　感染症の予防

（感染症の種類）

第18条　学校において予防すべき感染症の種類は、次のとおりとする。

1　第1種　エボラ出血熱、クリミア・コンゴ出血熱、痘そう、南米出血熱、ペスト、マールブルグ病、ラッサ熱、急性灰白髄炎、ジフテリア、重症急性呼吸器症候群（病原体がベータコロナウイルス属ＳＡＲＳコロナウイルスであるものに限る。）、中東呼吸器症候群（病原体がベータコロナウイルス属ＭＥＲＳコロナウイルスであるものに限る。）及び特定鳥インフルエンザ（感染症の予防及び感染症の患者に対する医療に関する法律（平成10年法律第114号）第6条第3項第6号に規定する特定鳥インフルエンザをいう。次号及び第19条第2号イにおいて同じ。）

2　第2種　インフルエンザ（特定鳥インフルエンザを除く。）、百日咳、麻しん、流行性耳下腺炎、風しん、水痘、咽頭結膜熱、結核及び髄膜炎菌性髄膜炎

3　第3種　コレラ、細菌性赤痢、腸管出血性大腸菌感染症、腸チフス、パラチフス、流行性角結膜炎、急性出血性結膜炎その他の感染症

2　感染症の予防及び感染症の患者に対する医療に関する法律第6条第7項から第9項までに規定する新型インフルエンザ等感染症、指定感染症及び新感染症は、前項の規定にかかわらず、第1種の感染症とみなす。

（出席停止の期間の基準）
第19条　令第6条第2項の出席停止の期間の基準は、前条の感染症の種類に従い、次のとおりとする。
1　第1種の感染症にかかった者については、治癒するまで。
2　第2種の感染症（結核及び髄膜炎菌性髄膜炎を除く。）にかかった者については、次の期間。ただし、病状により学校医その他の医師において感染のおそれがないと認めたときは、この限りでない。
　イ　インフルエンザ（特定鳥インフルエンザ及び新型インフルエンザ等感染症を除く。）にあっては、発症した後5日を経過し、かつ、解熱した後2日（幼児にあつては、3日）を経過するまで。
　ロ　百日咳にあっては、特有の咳が消失するまで又は5日間の適正な抗菌性物質製剤による治療が終了するまで。
　ハ　麻しんにあっては、解熱した後3日を経過するまで。
　ニ　流行性耳下腺炎にあっては、耳下腺、顎下腺又は舌下腺の腫脹が発現した後5日を経過し、かつ、全身状態が良好になるまで。
　ホ　風しんにあっては、発しんが消失するまで。
　ヘ　水痘にあっては、すべての発しんが痂皮化するまで。
　ト　咽頭結膜熱にあっては、主要症状が消退した後2日を経過するまで。
3　結核、髄膜炎菌性髄膜炎及び第3種の感染症にかかった者については、病状により学校医その他の医師において感染のおそれがないと認めるまで。
4　第1種若しくは第2種の感染症患者のある家に居住する者又はこれらの感染症にかかっている疑いがある者については、予防処置の施行の状況その他の事情により学校医その他の医師において感染のおそれがないと認めるまで。
5　第1種又は第2種の感染症が発生した地域から通学する者については、その発生状況により必要と認めたとき、学校医の意見を聞いて適

当と認める期間。
6　第1種又は第2種の感染症の流行地を旅行した者については、その状況により必要と認めたとき、学校医の意見を聞いて適当と認める期間。

その他の感染症

学校で通常見られない重大な流行が起こった場合に、その感染を防ぐために、必要がある時に限り、学校医の意見を聞き、校長が第三種の感染症として緊急的に措置をとることができるものとして定められている。

- 感染性胃腸炎　・インフルエンザ菌感染症　・肺炎球菌感染症
- 伝染性紅斑（リンゴ病）　・急性細気管支炎　・単純ヘルペス感染症
- 手足口病　・ヘルパンギーナ　・伝染性膿痂疹（とびひ）
- 伝染性軟属腫（みずいぼ）　・アタマジラミ　・溶連菌感染症

幼稚園幼児指導要録研究委員会・編集委員

代　　　　表／關　章信	（公財）幼少年教育研究所理事長
	福島県・福島めばえ幼稚園理事長・園長

編集委員長／安見克夫	東京都・板橋富士見幼稚園園長／東京成徳短期大学教授
副 委 員 長／兵頭惠子	（公財）幼少年教育研究所顧問
伊藤ちはる	福島県・福島めばえ幼稚園副園長
大澤洋美	東京成徳短期大学教授
亀ヶ谷元譲	神奈川県・宮前幼稚園副園長
橋本真希	東京都・明福寺ルンビニー学園
福井徹人	東京都・明福寺ルンビニー学園学園長
松本純子	東京成徳短期大学教授
松本紀子	元品川区立西五反田第二保育園園長
町山太郎	東京都・幼保連携型認定こども園まどか幼稚園園長
水越美果	神奈川県・横浜隼人幼稚園園長
若盛清美	埼玉県・幼保連携型認定こども園こどものもり副園長

幼稚園幼児指導要録　記入の実際と用語例

2019年1月24日　新版初版第1刷発行

1969年10月10日	初版	1992年2月15日	改訂新版
1979年4月20日	改定版	2000年11月15日	新版初版
1990年12月3日	初版	2009年10月20日	改訂新版

表紙イラスト／イイダ ミカ
表紙デザイン／安井善太
本文デザイン／ニシ工芸株式会社
編集担当　　／菊池文教　乙黒亜希子

編　　集／公益財団法人 幼少年教育研究所
　　　　　幼稚園幼児指導要録研究委員会
　　　　　代表　關　章信（福島めばえ幼稚園理事長・園長）
発行人／西村保彦
発行所／鈴木出版株式会社
　　　　〒101-0051　東京都千代田区神田神保町 3-5
　　　　　　　　　　住友不動産九段下ビル 9 F
　　　　TEL 03-6774-8811（代）　FAX 03-6774-8819
　　　　振替　00110-0-34090
　　　　ホームページ　http://www.suzuki-syuppan.co.jp/
印刷所／株式会社ウイル・コーポレーション

© （公財）幼少年教育研究所 2019　　ISBN978-4-7902-7256-4　C2037
●乱丁、落丁は送料小社負担でお取り替えいたします。　●定価はカバーに表示してあります。

●記入例：〈学籍に関する記録〉〈指導に関する記録〉（裏面）〈最終学年の指導に関する記録〉（別紙）　★住所、氏名等はすべて仮称

幼稚園幼児指導要録　（学籍に関する記録）

区分	年度	平成27年度	平成28年度	平成29年度	平成30年度
学	級	ちゅーりっぷ	ひまわり	ゆり	さくら
整理番号		9	12	18	20

	平成27年度	平成28年度	平成29年度	平成30年度
年度及び入園（転入園）・進級時の幼児の年齢	3歳 1か月	3歳 8か月	4歳 8か月	5歳 8か月
園　　長 氏名　印	明石　誠 ㊞	明石　誠 ㊞	明石　誠 ㊞	明石　誠 ㊞
学級担任者 氏名　印	平野　美子 ㊞ 神山　翼 ㊞	坂口　緑 ㊞ 人見　幸子 ㊞	奥川　美貴 ㊞	坂口　緑 ㊞

すずき出版製

幼稚園幼児指導要録（指導に関する記録）

ふりがな	たかぎ けいし
氏名	高木 圭史　平成24年7月7日生
性別	男

ねらい（発達を捉える視点）	平成27年度	平成28年度	平成29年度
明るく伸び伸びと行動し、充実感を味わう。			
自分の体を十分に動かし、進んで運動しようとする。			
健康、安全な生活に必要な習慣や態度を身に付け、見通しをもって行動する。			
幼稚園生活を楽しみ、自分の力で行動することの充実感を味わう。			
身近な人と親しみ、関わりを深め、工夫したり、協力したりして一緒に活動する楽しさを味わい、愛情や信頼感をもつ。			
社会生活におけるのぞましい習慣や態度を身に付ける。			
身近な環境に親しみ、自然と触れ合う中で様々な事象に興味や関心をもつ。			

指導の重点等

指導の重点（学年の重点）

- 平成27年度: 園生活に慣れ、保育者や友達と遊びを楽しむ。
- 平成28年度: 明るく伸び伸びと園生活を過ごし、友達と遊びを楽しむ。
- 平成29年度: 友達との関わりの中で互いの行動や思いに気づく。

指導の重点（個人の重点）

- 平成27年度: 保育者と一緒に遊びながら、園生活に慣れる。
- 平成28年度: 園生活に慣れ、好きな遊びを見つけて遊ぶ。
- 平成29年度: 友達と遊びを楽しみ、相手の気持ちに気づく。

指導上参考となる事項

平成27年度
- 9月より満3歳児クラスに入園した。入園当初は母親から離れることに不安をもち、泣いて離れられず、母親が一週間付き添った。
- その後、登園時には泣いていたが、保育者のそばで徐々に落ち着いていった。ロックや小麦粉粘土で遊び、親しみやすい雰囲気に慣れていった。
- 身支度や食事の支度などは、ひとりでできるものは、きっかけは自分でやるため、保育者の促しを待つことが一緒にやったりすることがある。

平成28年度
- 進級時は、環境の変化で泣いて登園する。保育者が関わると安心して一緒に身支度をした。
- 友達の身支度する姿や遊んでいる姿を傍観することが多かったが、保育者が誘うと園庭で虫探しやかけっこを一緒に行った。
- 6月になると友達ができ、三輪車に乗ったり砂場で遊ぶようになった。
- 2学期からバス通園になったが、バスの中では自分

平成29年度
- 進級当初は、不安げに登園し、新しいクラスで戸惑う姿も見られたが、自分で気持ちを切り替えるようになった。
- 身支度など、生活習慣はほぼ自分で行えるようになった。同時に、友達がいい加減にやることが気になり「ダメ」「いけない」と言い、トラブルになることもあった。
- 2学期には活発に遊ぶ姿が見られた。友達とサッカー